क्योंकि जीना
इसी का नाम है

लेखक की अन्य पुस्तकें

क्योंकि जीना इसी का नाम है

एन. रघुरामन

प्रकाशक
प्रभात प्रकाशन प्रा. लि.
4/19 आसफ अली रोड, नई दिल्ली–110002
फोन : 011–23289777 • हेल्पलाइन नं. : 7827007777
इ–मेल : prabhatbooks@gmail.com ❖ वेब ठिकाना : www.prabhatbooks.com

संस्करण
2025

मूल्य
चार सौ रुपए

मुद्रक
श्री साई प्रिंटर्स, साहिबाबाद

★

KYUNKI JEENA ISI KA NAAM HAI
by Shri N. Raghuraman

Published by **PRABHAT PRAKASHAN PVT. LTD.**
4/19 Asaf Ali Road, New Delhi-110002

ISBN 978-93-5186-728-9

₹ 400.00

पूज्य

माता जयालक्ष्मी

एवं

पिता वी. नटराजन को समर्पित,

जिन्होंने मेरी क्षमताओं पर विश्वास किया

कि मैं इस दुनिया के लिए कुछ

अच्छा कर सकता हूँ।

वे मेरे मन-मस्तिष्क में

सदैव अंकित रहेंगे।

अनुक्रम

अनुमान न लगाएँ, सीधे पूछ लें

मुझे रुखसाना से पहली नजर में ही प्यार हो गया था। हाल ही में हम लोग पूर्वी जॉर्जिया में खेकैती नामक स्थान पर घूमने गए थे। मेरे साथ मेरे दो मित्र थे—प्रख्यात पत्रकार अनिल दारकर तथा टी.वी. के कुकरी सीरियल 'नमक शमक' के एंकर और शेफ हरपाल सिंह सोखी। हम घने जंगल के बीच स्थित आरामदेह होटल में ठहरे थे। वहाँ पर हम 10 माह के प्यारे से तुर्की डॉगी से खेला करते थे। वह डॉगी नरम व मुलायम फर्र का बंडल था। एक सुबह मैं उस कुत्ते के साथ खेल रहा था, तभी उस होटल में ठहरे भारत के एक सज्जन दनदनाते हुए सीढ़ियों से उतरे, मेरी ओर उत्सुकता भरी आँखों से देखा और मुझसे उस कुत्ते का नाम पूछा।

'रुखसाना' मैंने कहा। 'ओह' वह ऐसे स्वर में बोला, मानो कुत्तों के बारे में उसे सारी जानकारी हो, जबकि इस बारे में वह अभी नौसिखिया ही था।

"नाम से पता चलता है कि यह निश्चित रूप से मध्य प्रदेश की किसी नस्ल का कुत्ता है।" लेकिन मैंने उन्हें सलाह दी कि "बेहतर होगा कि इसके मालिक से पूछा जाए।" उस कुत्ते का मालिक होटल का मैनेजर था। उसकी पत्नी तुर्की देश की थी। जब मालिक ने भी कुत्ते का नाम 'रुखसाना' बताया तो व्यक्ति ऊँचे स्वर में पांडित्य दरशाते हुए बोल उठा, "मुझे तो पहले ही शक था कि इसका नाम जॉर्जियन की बजाय ईरानी लगता है।"

तब उसकी बात काटते हुए मैनेजर बोला, "नहीं सर, यह कुत्ता तुर्की देश का है और मेरी पत्नी को उसकी बहन ने तोहफे में दिया था।"

उस व्यक्ति का असली चेहरा सामने आ गया तथा शर्मिंदा होकर वह चुपचाप वहाँ से खिसक गया।

मेक्सिको के लेखक माइमुएल एंजेल रुईस ने कहा है, "कभी भी अनुमान मत लगाएँ। हमें किसी के बारे में पूर्व धारणा नहीं बनानी है; बल्कि हमें सवाल पूछने तथा बात कहने की हिम्मत जुटानी चाहिए। गलतफहमी से बचना है तो दूसरों के साथ

बातचीत करनी चाहिए।''

होटल में मौजूद वह व्यक्ति इस बात का उदाहरण है कि हमारा मस्तिष्क कितनी तेजी से पूर्व धारणा बना लेता है तथा इस बात की गुंजाइश ही नहीं छोड़ता कि हम पहले सारी जानकारी लें, फिर उस पर विचार करें, तब बोलें या कारवाई करें। पूर्व धारणा से सर्वज्ञ होने की गलतफहमी या भ्रांति पनपती है। इस व्यक्ति की दो धारणाएँ थीं—पहली, जब किसी भारतीय, अर्थात् मैंने, कुत्ते का नाम बताया तो उसने यह मान लिया कि कुत्ता भारतीय नस्ल का है। लेकिन जब जॉर्जिया वासी ने उसका नाम बताया, तब उसने मान लिया कि कुत्ता ईरान का है और जब उसे सच्चाई का पता चला तो उसका मुँह देखने लायक था।

मैं ऐसे लोगों को जानता हूँ, जो यह कहते हैं—''मैं जानता हूँ कि आप क्या सोच रहे हैं।''

मैं यह सुनकर अवाक् रह जाता हूँ। यदि आप दूसरों के दिमाग में उमड़ रहे विचारों का ताँता भाँप लेते हैं तो दोबारा सोचें। यह अपने बचाव का एक तरीका है। लेकिन यह वास्तव में बातचीत या संवाद का कोई विकल्प नहीं है। वास्तव में, इससे हमारे संबंध खराब हो जाते हैं, रिश्तों में दरार पड़ जाती है। याद रहे, दूसरों के विचारों को जानने का सर्वोत्तम तरीका सबसे ज्यादा जोखिम भरा होता है। इसलिए सही ढंग से सोचें। सबसे बढ़िया या बेहतरीन तरीका या समाधान है—व्यक्ति से बात करें, उससे सवाल पूछें।

□

निरंतर प्रयास करते रहने की इच्छा-शक्ति

एक बार फिल्म-निर्माता चेतन आनंद तत्कालीन प्रधानमंत्री जवाहरलाल नेहरू के निजी सचिव ओ.पी. मिथई से मिले थे। वे उस समय विमान से यात्रा कर रहे थे। दोनों ही प्रधानमंत्री से हुई मुलाकात पर चर्चा कर रहे थे। यह सन् 1963 की बात है। अभी सन् 1962 के भारत-चीन युद्ध की गर्द शांत नहीं हुई थी। आनंद हमेशा युद्ध की पृष्ठभूमि पर फिल्म बनाना चाहते थे। लेकिन अभी भारतीय सिने-पटल पर युद्ध विषयक उपयुक्त 'फिल्म' नहीं बन पाई थी। जिन प्रोड्यूसरों से आनंद मिले थे, वे सभी उनकी कामयाबी के बारे में आशंकित थे। लेकिन उन्होंने हिम्मत नहीं हारी। आनंद आस लगाए बैठे थे कि कभी तो उनका भी दिन आएगा और जल्दी ही वह दिन आ गया।

संयोग से मिथई के साथ उनकी यह मुलाकात एक सुनहरा अवसर साबित हुई।

"क्या आप लोग बेकार सी खोखली, चॉकलेटी प्रेम कहानियों पर फिल्में बनाते थकते नहीं? जहाँ वाहयात गीत और पेड़ों के चारों ओर दौड़ते हुए हीरो-हीरोइन दिखाए जाते हैं? आपकी फिल्म 'नीचा नगर' देखकर खुशी मिली। यह विषय-प्रधान फिल्म थी। हाल ही में हमें चीनियों के हाथों पराजय का मुँह देखना पड़ा। आप किसी युद्ध पर फिल्म क्यों नहीं बनाते?" मिथई ने कहा।

"मैं तो हमेशा से ऐसा चाहता हूँ, लेकिन मुझे कभी सहयोग ही नहीं मिला। पलटन, गन, लोकेशन, फौज…" आनंद ने जवाब दिया।

"हूँ।" मिथई क्षण भर के लिए खयालों में खो गए। "आप प्रधानमंत्री से मिलें।" उन्होंने कहा, 'मैंने बताया है कि वे आपकी फिल्में पसंद करते हैं। हो सकता है, वे कुछ आपकी मदद करें।"

अगले सप्ताह प्रधानमंत्री से मुलाकात हो गई और नेहरूजी ने गरिमामय ढंग से रक्षामंत्री कृष्णा मेनन को बुलाकर आनंद की मदद करने के लिए कहा। जब आनंद अगले दिन जम्मू की उड़ान के दौरान 30 मिनट के भीतर पटकथा तैयार हो गई। आनंद हमेशा बहुत बड़े, एक तरह से विशाल रूप में अपने विचारों को हकीकत में सिने-पटल

पर लाना चाहते थे। यह मुश्किल कार्य था। बर्फ से ढँके वातावरण में पात्रों एवं फिल्म कर्मियों के लिए रोंगटे खड़े करनेवाला समय था। भारतीय सिनेमेटोग्राफी अद्‌भुत दौर से गुजर रही थी। लेकिन आनंद जानते थे कि उन्हें कुछ करना है।

सन् 1964 में फिल्म 'हकीकत' रिलीज हो गई। यह भारत के फिल्मी इतिहास में पहली युद्ध विषयक फिल्म थीं। सदानंद ने सिनेमेटोग्राफी की, एम.एस. सथ्यु कला निर्देशक थे, मदन मोहनजी ने संगीत दिया। हर दृष्टि से यह फिल्म पारंगत थी। आनंद का धैर्य व संयम रंग लाया। 'हकीकत' उनकी सर्वश्रेष्ठ फिल्म साबित हुई।

अटल विश्वास एवं दृढ़ निश्चय से किसी लक्ष्य को प्राप्त करना आसान हो जाता है। ऐसा होना कोई हँसी-खेल नहीं है। सफलता का कोई आसान रास्ता नहीं है। ठीक वैसे ही जैसे इसकी प्राप्ति की कोई गारंटी नहीं होती। फिर भी व्यक्ति के लिए प्रयास करते रहना जरूरी है। यहाँ तक कि आप प्रयास करते हैं, परंतु सफलता की कोई गारंटी नहीं होती; लेकिन इसके विपरीत, यदि कुछ भी नहीं करते तो नाकामी की गारंटी तय है। जॉर्ज एडवर्ड वुडबेरी ने कहा है—'पराजय हमारी नाकामी नहीं है, बल्कि अकर्मण्यता ही वास्तव में विफलता होती है।'

इसलिए, यह सुव्यवस्थित ढंग से सोचने का समय है। आप सफलता के लिए प्रयास करेंगे या नाकाम होने के लिए हाथ-पर-हाथ धरे बैठेंगे, फैसला आपको ही लेना है।

□

आप दूसरों को याद रखें तो कोई आपको भी याद रखेगा

मैं सोच रहा था कि यह व्यक्ति कौन है? मेरे पालतू कुत्ते की असामान्य हरकत नजर आ रही थी। वह झुककर किसी अजनबी के आगे दुम हिला रहा था।

जब मैं युवक था, तभी से सुबह-सुबह सैर करने जाता था और यह मेरी आदत बन चुकी थी। सन् 2012 की ग्रीष्म ऋतु में तेज गरमी पड़ रही थी। पसीने से सराबोर या तर-बतर करनेवाली मुंबई की पिछली गरमियों की तुलना में इस बार गरमी कुछ ज्यादा पड़ रही थी। इसलिए, मैं अप्रैल और जून के महीनों में भोर होने से पहले अपनी सामान्य दिनचर्या से एक घंटा पूर्व सैर करने चला जाता था। रोज सुबह सैर करते समय मेरा कुत्ता भी साथ होता था। उसे 'पिक्सी' के नाम से पुकारते थे। जैसे ही मैं और पिक्सी नीचे आए, तीन कुत्तों ने धावा बोल दिया और हमने अपनी रोज की कहानी शुरू कर दी।

हम अभी अपनी सोसाइटी से कुछ ही कदम नीचे आए थे कि यह घटना घटित हो गई। मैं बुरी तरह से डर गया और ऐसे में मैंने एक पतले लँगड़ाकर चलने वाले आदमी को देखा। अचानक पिक्सी और आवारा कुत्ते उस आदमी के आगे-आगे दौड़ने लगे। उन्होंने उसे घेर लिया। वे उसे सूँघ रहे थे तथा दुम हिलाते हुए उसका स्वागत करने लगे।

मैं हैरान था और सोच रहा था कि यह व्यक्ति आखिरकार है कौन? उत्सुकतावश मैं उस व्यक्ति के और अधिक करीब आ गया। कुत्तों ने उसके प्रति प्यार दरशाया था, अब वह व्यक्ति उनसे प्यार कर रहा था। कभी उन्हें सहलाता, कभी थपथपाता और कभी उनके बालों के बीच स्नेह से अंगुलियाँ चला रहा था। जब मैंने उसे ध्यान से देखा तो मुझे याद आने लगा। वह हमारी हाउसिंग सोसाइटी के 16 सिक्योरिटी (सुरक्षा) गार्ड्स में से था। वह हमारी सोसाइटी की चौकीदारी करता था। लेकिन काफी समय से मैंने उसे देखा नहीं था। वह व्यक्ति अपने अतीत की परछाईं मात्र लग रहा था। उस

कमजोर व्यक्ति ने मेरे पूछने पर बताया कि उसे छह माह पहले लकवा मार गया था। इस वजह से उसकी नौकरी भी चली गई।

"सर, पिछले छह माह से जीवन जीना दूभर हो गया है। जब हम तकलीफ में होते हैं, हमें कोई याद नहीं करता। मेरी किसी ने भी मदद नहीं करनी चाही।" वह व्यक्ति दयनीय स्वर में बोला, "सर, मुझे अब सोसाइटी में कोई नहीं पहचानता। केवल ये कुत्ते ही मुझे जानते हैं। ये मेरे सच्चे दोस्त हैं।" पिक्सी को दुलारते हुए उस व्यक्ति ने जवाब दिया।

मैं अवाक् था, शायद अपनी कमजोर याददाश्त पर शर्मिंदा भी था।

अमेरिकी लेखक मार्क ट्वेन ने कहा है—"यदि आप भूख से तड़प रहे कुत्ते को उठाकर उसे कुछ खिलाते-पिलाते हैं, उसकी देखभाल करते हैं तो स्वस्थ या हृष्ट-पुष्ट होने पर वह कुत्ता आपको काटेगा नहीं। एक कुत्ते और इनसान में यही फर्क है।" हमें कुत्तों से बहुत कुछ सीखना है। इनसानों की दुनिया से निष्ठा और कृतज्ञता के भाव न जाने कब के गायब हो चुके हैं। हमें लोगों को भूल जाने की आदत पड़ गई है। यहाँ तक कि अपने प्रियजनों को भी हम कितनी जल्दी भुला देते हैं। जिस चौकीदार को मैं तीन साल से जानता था, उसे छह महीनों में ही भूल गया। पिक्सी ने मुझे उस शख्स की याद दिलाई। क्या हम इनसान इस कदर तक गिर चुके हैं?

इसलिए, अपने दिल की गहराइयों से सोचें। लोगों को मत भूलें। उन्हें अपनी यादों में सहेजकर रखें। तभी लोग आपको याद रखेंगे, याद करेंगे।

□

पश्चात्ताप की बजाय स्वाभिमान जगाएँ

अमेरिकी कवि रॉल्फ वाल्डो एमर्सन ने कहा है—"ऐसी दुनिया में रहना सचमुच महानतम उपलब्धि है, जहाँ निरंतर आपको कुछ और बनाने का प्रयास किया जा रहा है।"

फिर भी, कुछ ही कंपनियाँ इस उक्ति का अर्थ या महत्त्व समझ पाती हैं। यदि कंपनियाँ अपने कर्मचारियों में स्वाभिमान जाग्रत् करती हैं, उन्हें प्रोत्साहन देती हैं तो उनके यहाँ पश्चात्ताप करने की दर भी बहुत कम होती है। मैंने सन् 2012 में वेबसाइट पर विश्व बैंक की वित्तीय स्थिति देखी थी। इस मामले में भी ऐसा ही कुछ हुआ था।

चार वर्ष पहले कॉरपोरेट की सामाजिक जिम्मेदारी की दिशा में की गई पहल के भाग रूप में इंटीमेट फैशन तमिलनाडु सशक्तीकरण तथा गरीबी-उन्मूलन परियोजना में शामिल होने का निर्णय लिया। इस परियोजना को 75 प्रतिशत अर्थात् 274 मिलियन डालर की विश्व बैंक से मदद मिली। इस परियोजना का नाम 'पुड्डूवाजवु' (नया जीवन) था। इसके तहत तमिलनाडु के 26 जिलों से प्राथमिक स्कूली शिक्षा प्राप्त आर्थिक दृष्टि से वंचित 1,800 महिलाओं को इंटीमेट फैशन में काम करने के लिए भेजा गया। इस परियोजना की खूबी यह थी कि इसकी स्पष्ट, शांत 'एक्जिट कार्यनीति' थी। इस परियोजना के अंतर्गत सन् 2014 में अपना लक्ष्य प्राप्त कर लेना है।

चेन्नई की दक्षिणी दिशा में 20 कि.मी. की दूरी पर स्थित 'गुडुवंचेरी' इंटीमेट फैशन फैक्टरी का 'होम' है। यहाँ पर ब्रेजियर्स तैयार की जाती हैं। विनिर्माता एक साल में 7 अरब 'ब्रा' बनाते हैं। इससे 40 मिलियन डॉलर की आमदनी होती है। इस फैक्टरी में काम के माहौल में कोई कमी नहीं है। चटक रंगों की ब्रा के ढेरों के बीच काम करती महिलाएँ और इस तसवीर की पृष्ठभूमि में चल रहा तमिल फिल्म संगीत। इस फैक्टरी में 18 वर्ष से अधिक उम्र की 2,500 महिलाएँ काम कर रही हैं, जिसमें 92 प्रतिशत महिलाएँ तमिलनाडु के विभिन्न जिलों में गरीबी रेखा से नीचे जीवन बिता रहे परिवारों से आई हैं।

अब, ध्यान देने योग्य तथ्य यह है कि चेन्नई शहर लगातार कामगारों की कमी की समस्या से जूझ रहा है। दूसरी कंपनी से मात्र 100 रुपए ज्यादा मिलने पर मजदूर कंपनी छोड़कर चले जाते हैं। 'नोकिया' तथा 'फोर्ड' जैसी कंपनियाँ भी इस समस्या से अछूती नहीं हैं। ऐसी स्पर्धा के बीच 'इंटीमेट फैशन' में कर्मचारियों का बने रहना तथा पश्चात्ताप की न्यूनतम दर (स्तर) वास्तव में उल्लेखनीय पहलू है। इस समस्या से पार पाना नामुमकिन भी नहीं था। सभी कामगारों को मात्र 3,500 रुपए प्रतिमाह वेतन दिया जाता है। चार माह का प्रशिक्षण पूरा करने के बाद उनकी तैनाती की जाती है तथा उन्हें 200 रुपए प्रतिदिन का अतिरिक्त प्रोत्साहन दिया जाता है। उनका उत्साह मनोबल बढ़ाने के लिए कर्मचारियों को सुबह-सवेरे कॉफी पिलाने के बजाय पौष्टिक पेय पदार्थ दिए जाते हैं, क्योंकि वे सभी 'एनीमिया' रोग से ग्रस्त हैं।

व्यक्तित्व विकास के लिए महिलाओं को अंग्रेजी बोलने तथा व्यक्तित्व में निखार लाने के लिए प्रशिक्षण दिया जाता है। अधिकांश महिलाएँ यह स्वीकार करती हैं कि यह फैक्टरी उनका दूसरा 'घर' है। अनेक महिलाओं ने तो कभी घर से बाहर कदम तक नहीं रखा था।

भागीदारों के लिए सर्वाधिक महत्त्वपूर्ण एकमात्र लाभ 'स्वाभिमान' जाग्रत् होना है। इसके परिणामस्वरूप उन्हें अच्छी-खासी आमदनी और स्वतंत्रता मिलती है। टी.वी. साक्षात्कार में फैक्टरी की महिला ने इस बात की पुष्टि की है कि इस नौकरी में आने पर पूरा कस्बा उसका आदर-सम्मान करने लगा है। अब तो उसके माँ-बाप भी उससे सलाह-मशविरा करते हैं, राय लेते हैं। ऐसे बदलाव से उसका समाज में कद बढ़ा है और इसकी वजह 'स्वाभिमान का जागृत्' होना है।

इसलिए, हमें स्वाभिमानी कर्मचारियों की प्रशंसा करनी चाहिए, उनके हित के बारे में सोचना चाहिए। यदि उनके स्वाभिमान को चोट पहुँचती है तो वे मोटी तनख्वाह मिलने पर भी आपके संगठन में नहीं टिकेंगे।

□

सपना साकार करना है तो सपने के साथ जीना सीखें

महाराष्ट्र के धुले गाँव में भारूद परिवार सबसे ज्यादा गरीब था। राजेंद्र को बचपन से ही उसकी माँ यह कहती आ रही थी कि उसके पिता अपने बेटे के जन्म से ठीक पहले इसलिए चल बसे थे, क्योंकि गाँव के डॉक्टर मलेरिया का इलाज नहीं कर पाए थे। बचपन से ही उसकी माँ उसे डॉक्टर बनने के लिए प्रेरित करती रही, ताकि वह अपने पिता की तरह रोगों से जूझ रहे अनेक लोगों की जान बचा सके।

अपनी माँ की आँखों के आँसू पोंछते हुए राजेंद्र यह जान गया था कि उसे डॉक्टर बनना है, चाहे कुछ भी हो जाए। बस, वह यह नहीं जानता था कि वह डॉक्टर कैसे बनेगा। गरीबी और भुखमरी परिवार की जान लेने पर उतारू थी। पढ़ाई-लिखाई दूर का सपना बन चुकी थी। राजेंद्र के पास इस दृढ़ संकल्प को पूरा करने के लिए कोई सहारा नहीं था।

समय बीतता गया। उसकी माँ जी-तोड़ मेहनत करती, ताकि वह अपने मकसद में कामयाब हो सके। राजेंद्र ने अपनी माँ और मकान मालिक को लड़ते देखा था। अकसर उसकी माँ कमल भारूद खीझकर कहती थी, ''काश, मेरे दो बच्चे होते। एक डॉक्टर और दूसरा पुलिस अफसर होता और इस बदमाश को सीधा कर देता।'' जाहिर है कि इससे दमनकारी जमींदार या मकान मालिकों का रवैया स्पष्ट होता है।

राजेंद्र हमेशा यह सोचकर चकरा जाता था कि वह क्या बने? डॉक्टर बनकर लोगों की जान बचाए या पुलिस अफसर बनकर 'बदमाशों' को सीधा कर दे। कुछ समय बाद राजेंद्र की माँ ने उसे नगर निगम के स्कूल में दाखिल करा दिया। राजेंद्र बड़ी मेहनत व लगन से पढ़ रहा था। उसकी असली ताकत अध्यापक के शब्द थे, 'तुम्हें डॉक्टर बनने के लिए विज्ञान और गणित में शत-प्रतिशत अंक लाने हैं।' बच्चे की मेहनत रंग लाई। वह बोर्ड की परीक्षाओं में प्रथम स्थान पर रहा। फिर वह मेडिकल

प्रवेश परीक्षा में बैठा। इस छात्र ने 200 में से 194 अंक प्राप्त किए। परिणामस्वरूप मुंबई के के.ई.एम. अस्पताल के जी.एस. मेडिकल कॉलेज में प्रवेश मिल गया।

स्नातक दिवस पर उसे सर्वश्रेष्ठ विद्यार्थी का अवॉर्ड मिला और उसने मेडिकल इंटर्न के रूप में कार्य करना शुरू कर दिया। अब वह बच्चा डॉ. राजेंद्र भारूद बन चुका था। इस दौरान उन्होंने यह देखा कि गरीब बीमारी की बजाय कानून और व्यवस्था की लापरवाही के कारण कष्ट भोगता है। उन्होंने अपने मन की बात डीन डॉ. संजय ओक को बताई। उन्होंने यह सलाह दी कि वह यू.पी.एस.सी. की परीक्षा में बैठे।

अब दूसरे मोरचे पर संघर्ष शुरू हो गया। डॉ. राजेंद्र भारूद इस परीक्षा में बैठनेवाले अन्य उम्मीदवारों से पुस्तकें उधार लेकर परीक्षा की तैयारी करने लगे। मेडिकल साइंस की श्रेणी में वे अव्वल रहे और अखिल भारतीय स्तर पर उनका 709वाँ स्थान रहा। उन्हें भारतीय पुलिस सेवा (आई.पी.एस.) में चुना गया।

अमेरिकन लेखक रॉबर्ट जी. एलेन ने कहा है—"जैसा आप देखते हैं, वैसा ही आपका भविष्य होता है।" डॉ. राजेंद्र भारूद खुश थे, क्योंकि उन्होंने अपनी माँ की दोनों इच्छाएँ पूरी कर दीं। पहली से ज्यादा दूसरी इच्छा वे यह सोचकर प्रसन्न थे कि वे अकसर अपनी योजनाओं के बारे में स्वयं से बातें करते थे। अन्य लोगों को मौका देते थे कि वे उनकी योजनाओं को कामयाब बनाने पर अपनी राय दें।

इसलिए सही सोचें, सपना सँजोएँ, बाल सुलभता बनाए रखें। अपना भविष्य देखें, आनंदित हों, खुद से और अपने शुभ-चिंतकों से इस बारे में बात करें। रोजाना याद करें कि आपको अपना ध्येय हासिल करना है। इससे मार्ग में आनेवाली हर अड़चन छू-मंतर हो जाएगी।

□

अतीत के गर्भ में वर्तमान और भविष्य पनपता है

मुझे बचपन की याद आती है, जब मेरी दादी माँ रात को सोते समय मुझे पंचतंत्र, रामायण, गीता या महाभारत की कहानियाँ सुनाती थीं। उन कहानियों में रचे-बसे जीवन के मूल्य दिल को छू लेते थे और आज भी ये मूल्य हमारे साथ हैं। हम इनके साथ ही जी रहे हैं।

लेकिन यह सब पुरानी या गुजरे जमाने की कहानी बन चुका है। आज, दादा-दादी, नाना-नानी बच्चों को ऐसी कहानियाँ नहीं सुनाते, जो हमारी संस्कृति और विरासत का मूलाधार हैं। इस भौतिकवादी दुनिया में पल रही युवा पीढ़ी भौतिकवादी विचारों से परिपूर्ण है; लेकिन इसमें पारस्परिक विश्वास और भावनात्मक संतुलन का अभाव है।

देश के अग्रणी बिजनेस स्कूल यह कमी महसूस करने लगे हैं। बिजनेस-बुद्धिमत्ता के साथ मानव-मूल्य जोड़ने के लिए शीर्षस्थ बिजनेस स्कूल अपने पाठ्यक्रमों में पंचतंत्र की कहानियाँ, स्वामी विवेकानंद के विचार तथा भगवद्गीता के श्लोक और रामायण शामिल करने लगे हैं। इनका लक्ष्य बेहतर व चिर स्थायी परिणाम पाने की दृष्टि से सामयिक बिजनेस कार्यनीतियों में इन कहानियों के संदेश को मिलाना है।

तमिलनाडु में त्रिचि के भारतीदासन इंस्टीट्यूट ऑफ मैनेजमेंट (बी.आई.एम.) का उदाहरण लें। यह संस्थान पुदुच्चेरी के श्रीअरबिंदो इंस्टीट्यूट से जुड़ा है, ताकि इस महान् विचारक की शिक्षाओं को आधुनिक प्रबंधन या मैनेजमेंट के पाठ्यक्रम की दृष्टि से विद्यार्थियों को पढ़ाया जा सके, जिससे ये शिक्षाएँ संगठनात्मक और राष्ट्रीय स्तर पर अवतारित की जा सकें। यही स्थिति आई.आई.एम., कोलकाता की है। यहाँ पर भी एक्जीक्यूटिव प्रोग्राम शुरू किया गया है। इसमें कालिदास का काव्य और कौटिल्य का 'अर्थशास्त्र' पढ़ाया जाता है। आई.एस.बी., हैदराबाद में भी लीडरशिप कार्यक्रम चलाए जाते हैं। ये कार्यक्रम 'गीता' के ज्ञान पर आधारित हैं।

इन सभी के मूल में यह निहित है कि भारतीय लोकाचार और नैतिक मूल्यों से जुड़े कार्यक्रम शीर्ष प्रबंधकों को व्यापक परिप्रेक्ष्य में परिस्थितियों से निपटने में सक्षम बनाते हैं। प्राचीन महाकाव्यों व ग्रंथों से आत्मसात् किए गए ज्ञान पर आधारित कार्यक्रमों में विविध प्रकार का बौद्धिक दर्शन, लोकाचार, मनोविज्ञान तथा संस्कृति का समावेश होता है, जिससे बिजनेस के लक्ष्य हासिल करने में मदद मिलती है।

इस पर गौर करें। भारतीय संस्कृति में यह खूबी पाई जाती है कि बेकार पड़ी चीजों का बेहतरीन ढंग से सदुपयोग किया जाए। रोचक तथ्य यह है कि भारत के अलावा अन्य देश भी इस प्रवृत्ति को अपनाने लगे हैं। एम्सटरडम ने दुकानदारी के नए विचार का सूत्रपात किया है। इसे 'रिपेयर कैफे' कहा जाता है। तमाम टूटी हुई एवं बेकार घरेलू चीजों को ऐसे कैफे में जोड़ा जाता है या उन्हें नया रूप दिया जाता है। फिर उन्हें या तो मालिकों द्वारा इस्तेमाल में लाया जाता है या वह सामान जरूरतमंद लोगों को दे दिया जाता है। ई-बेकार रद्दी की बढ़ती समस्या पर काबू पाने के लिए अनेक देश इस भारतीय संकल्पना को मार्गदर्शी सिद्धांत मानकर चल रहे हैं। पुराने इलेक्ट्रॉनिक सामान को फेंकने की बजाय लोगों को उनका इस्तेमाल करने के लिए बढ़ावा दिया जा रहा है। डच सरकार 5,25,000 डॉलर के फंड से लोगों को सामान का दोबारा इस्तेमाल करने के लिए प्रोत्साहन दे रही है, जागरूक बना रही है और इस प्रकार से यह सरकार पर्यावरण को बचाने की दिशा में सक्रिय है। लोगों के पास इसके कारण भी मौजूद हैं। सेवानिवृत्त लोगों से लेकर स्वयंसेवी संगठनों तक, सभी इस अद्भुत अभियान में भाग ले रहे हैं। ये इंजीनियरिंग स्टाफ के वेतन, मार्केटिंग तथा 'रिपेयर कैफे' चलाने के लिए फंड दे रहे हैं।

'पुरातनता से नूतनता पनपती है' यह बाइबिल की पुरानी कहावत है। पुरातन व्यवस्था बदलेगी या अतीत बदलेगा, तभी तो परिवर्तन होगा।

लेकिन सही ढंग से सोचें। याद रखें कि अतीत में परिवर्तन के बीज अंत:गर्भित होते हैं। अर्थात् अतीत के गर्भ में वर्तमान और भविष्य के बीज होते हैं। महाकाव्यों के मामले में भी ऐसा ही है—ये नवीनता/नूतनता के साथ जुड़े हैं, अंतत: से वर्तमान तथा भविष्य फले-फूलेगा।

□

उत्कृष्टता : हमारे व्यक्तित्व का अंग

आई.आई.टी.-जे.ई.ई. में 8,137वाँ रैंक लाना अपने आप में बहुत बड़ी उपलब्धि नहीं है।

इस उक्ति को बिहार के भोजपुर जिले के किसान के 12 वर्षीय पुत्र सत्यम कुमार ने चरितार्थ किया है। इस बच्चे ने सन् 2012 में अच्छा रैंक हासिल किया। यह खास बच्चा इसलिए खास नहीं है कि उसने कम उम्र में ऐसा रैंक हासिल किया था, बल्कि विशेष यह है कि वह इस उपलब्धि से संतुष्ट होकर नहीं बैठ पाया। अपने एक इंटरव्यू में उसने कोटा, राजस्थान के स्कूल में चल रही अपनी पढ़ाई के बारे में बताया। उसने कहा कि वह अगले वर्ष अपना ही रिकॉर्ड तोड़ने के लिए पुन: परीक्षा में बैठेगा, क्योंकि वह अगला मार्क जकरबर्ग बनना चाहता है और फेसबुक की तरह सॉफ्टवेयर फर्म बनाना चाहता है।

सत्यम का केस मुझे कई वर्ष पुरानी यादों में ले गया। मैं कैप्टन सी.पी. कृष्णन नायर से मिला था। ये लीला होटलों के मालिक हैं। मैंने इंडियन एक्सप्रेस की विशेष मैगजीन 'एक्सप्रेस होटलियर एंड करेक्टर' की कवर स्टोरी के लिए उनसे बातचीत की थी। उन्होंने समूचे देश में विश्व-स्तर के होटल बनाए 90 वर्ष की उम्र में भी उतने ही जोश एवं उमंग से कार्य करते हैं, जैसे अपना उद्यम प्रारंभ करते समय करते थे। आज भी वे बारीकी से निरीक्षण करते दिखाई देते हैं, चाहे उदयपुर में लेकस्ट्रीट हो या बंगलुरु में 'लीला पैलेस'। ये दोनों ही आलीशान होटल पूरे विश्व में जाने जाते हैं।

नायर के कैरियर की यात्रा अत्यंत रोचक है। उन्होंने अपना कैरिअर आर्मी कैप्टेन के रूप में शुरू किया। उनकी पहली तैनाती एबटाबाद (जहाँ ओसामा बिन लादेन पकड़ा गया था और मारा गया था) में वायरलेस अफसर के रूप में हुई थी। उनका काम दो प्रमुख ताकतों—जर्मनी और जापान के बीच संदेशों के आदान-प्रदान को रोकना था। सन् 1952 में उन्होंने रिटायरमेंट ले लिया। उन्हें आर्मी कमांडर जनरल के प्रधान अधिकारी एवं ए.डी.सी. के रूप में तैनात किया गया था। लेकिन शीघ्र ही इन्होंने

आर्मी को अलविदा कह दिया। तब वे अपने श्वसुर के वस्त्र उद्योग में शामिल हो गए। उनके मित्र वी.पी. मेनन भारत के अंतिम गवर्नर जनरल लॉर्ड माउंटबेटन के राजनीतिक सलाहकार थे। उन्होंने इनकी काफी मदद की। सन् 1957 में उनके सामने बहुत बड़ा अवसर आया। स्कॉटिश कंपनी/फर्म, लॉरेंस मिशेल से उनकी बातचीत चल रही थी। इस फर्म ने श्री नायर से भारतीय संदर्भ माँगा। जब उन्होंने मेनन से बात करनी चाही, तब अचानक स्वयं माउंटबेटन ने फोन उठा लिया। गवर्नर जनरल नायर के उत्साह और उमंग से इतने प्रभावित हुए कि उन्होंने स्वेच्छा से लॉरेंस मिशेल से बात कर ली। सौदा हो गया और सन् 1970 तक होटल जगत् में लीला स्कॉटिश लेस लिमिटेड जाना-माना नाम हो गया। तत्पश्चात् 'लीला' होटलों की पूरी शृंखला तैयार हो गई। इससे वैश्विक स्तर पर आलीशान होटल की नई परिभाषा सामने आई।

'सर्वगुण-संपन्न होने की कोशिश न करें, बल्कि उत्कृष्टता की दिशा में अग्रसर रहें।' अमेरिकी अभिनेत्री विक्टोरिया प्रिंसिपल ने कहा था—'इसकी वजह यह है कि भले ही सर्वगुण-संपन्न होना मुमकिन नहीं है, लेकिन उत्कृष्ट ढंग से कार्य करना, उत्कृष्ट व्यक्ति बनना मुमकिन है। उत्कृष्टता एक बार में ही हासिल नहीं की जा सकती। सामान्य योग्यता के आगे घुटने टेके बिना बेहतर बनने की लगातार चाह ही उत्कृष्टता है।'

इसलिए, अच्छा सोचो। बेहतर होने पर ही अगला सोपान उत्कृष्टता है। यह व्यक्तित्व का स्थायी रूप है।

□

बच्चे अपने माँ-बाप पर भरोसा करें

एक बार की घटना मुझे अकसर याद आती रहती है। इसमें भय और प्यार दोनों ही भाव छिपे हैं। मुंबई में गरमी पड़ रही थी, लेकिन वातावरण उमस भरा था। हमारे आई.आई.टी.-बी होटल के पीछे झील में एक बच्चा तैरने के लिए गया। उसे अभी तैरने का आनंद लेते हुए दस मिनट ही बीते थे। वह तैर रहा था, लेकिन अपनी ओर बढ़ते आ रहे घड़ियाल को नहीं देख पाया।

उस बच्चे के पिता होस्टल की कैंटीन में काम करते थे। जब वे झील के पास से गुजर रहे थे तो उनकी नजर घड़ियाल पर पड़ गई। डर से थर-थर काँपते हुए वह व्यक्ति अपने बच्चे को आवाज लगाने लगा और उससे कुछ फीट दूरी पर मौजूद नरभक्षी घड़ियाल के बारे में चेतावनी देने लगा। वह लड़का पूरा जोर लगाते हुए किनारे की ओर आ रहा था और घड़ियाल उसका पीछा कर रहा था। हालाँकि, काफी देर हो चुकी थी। जैसे ही लड़का अपने पिता के पास पहुँचा, घड़ियाल भी उसके पास पहुँच चुका था। डॉक से पिता ने अपने बच्चे को पकड़ रखा था। उधर घड़ियाल ने बच्चे की टाँगों में अपने दाँत गड़ा रखे थे।

तब शुरू हुई अविश्वसनीय खींचातानी। जाहिर है, घड़ियाल पिता से ज्यादा ताकतवर था; लेकिन पिता भी बच्चे को उसके हाल पर यूँ ही नहीं छोड़ सकता था। तभी सुरक्षाकर्मी ने चीख सुनकर निशाना साधा और घड़ियाल को चोट पहुँचाए बिना पानी में गोली दाग दी। गोली की आवाज सुनकर वह जानवर रफू-चक्कर हो गया। हफ्तों के बाद हफ्ते गुजर गए, बच्चे का अस्पताल में इलाज चलता रहा। बच्चा बच गया। इस जानलेवा हमले में घाव के निशान उसकी टाँगों पर पड़ गए। उसकी बाँहों पर भी निशान पड़ गए थे। वे निशान उसके पिता की हाथ की अंगुलियों के नाखूनों के थे, जब उसके पिता उसे बचाने के लिए भरपूर कोशिश में नाखून मांस में गड़ गए थे।

उस घटना के बाद एक समाचार-पत्र के रिपोर्टर ने उस बच्चे का इंटरव्यू लिया। उसने कहा कि क्या वह उसके जख्मों के निशान देख सकता है। उस लड़के ने चुपचाप

उसका कहना मान लिया। लेकिन उसने झट से यह भी कहा, ''साथ ही मेरी बाँहें भी देखें। यहाँ पर भी गहरे घाव पड़े हैं, क्योंकि मेरे पिता मुझे छोड़ना नहीं चाहते थे।''

किसी-न-किसी तरह से हम सभी का उस लड़के से तादात्म्य होता है। हम सभी ऐसे अनेक घाव खाए हुए हैं। अधिकांश घाव हमारे स्मृति-पटल पर अमिट छाप छोड़ चुके हैं। ये हमें याद दिलाते हैं कि माँ-बाप कैसे होते हैं। या यों कहें कि इस दुनिया में जीवित भगवान् कैसे होते हैं, जो हमें बचाने के लिए कई बार जलती आग जैसी मुसीबतों में कूद पड़ते हैं। ठीक वैसे ही जैसे उस लड़के के साथ हुआ। यदि पिता नहीं बचाता तो घड़ियाल उस बालक को निगल जाता।

चीन में एक कहावत है—'अपने माँ-बाप का प्यार समझने के लिए आपको अपनी औलाद का लालन-पालन करना होगा।' बच्चो, हमेशा याद रखें, जब आपके माँ-बाप अपने शब्दों या क्रियाओं से आपको चोट पहुँचाते हैं तो वे अपने स्वार्थ के लिए ऐसा नहीं करते, बल्कि वे यह नहीं चाहते कि उनका दुलारा बच्चा जीवन की कठोर परिस्थितियों के झंझावात के आगे घुटने टेक दे।

इसलिए, सही सोचें। अपने माँ-बाप की अव्यक्त भावनाओं को समझें, विश्वास करें।

□

उपहार की कद्र करें

राज मेहरा मध्यम स्तर का एम.एन.सी. का कर्मचारी था। वह पहली बार विदेश यात्रा करने जा रहा था। उसे इसलिए विदेश भेजा जा रहा था, क्योंकि कंपनी ने यह फैसला लिया था कि मध्यम स्तर के कर्मचारियों को विदेश यात्राओं पर भेजा जाए और प्रशिक्षण के दौरान नए अनुभव देकर उन्हें आगे बढ़ने का मौका दिया जाए। जाहिर है, राज मेहरा खुशी से फूला नहीं समा रहा था और वह अपने बॉस के प्रति हृदय से आभारी था, जिन्होंने विदेशी दौरे के लिए उसके नाम की सिफारिश की थी। उसने अपने बॉस के लिए उपहार खरीदने के लिए सोचा। वह अपने उस वरिष्ठ अधिकारी की रुचि के बारे में नहीं जानता था। उसने उपहार खरीदा। निस्संदेह लंदन के महँगे स्टोर से उपहार खरीदा। उसकी नजर में वह उपयुक्त उपहार था और भारत लौटने पर वह विनम्रतापूर्वक बॉस को वह उपहार देगा। लेकिन राज को यह देखकर दुःख हुआ कि अधिकारी ने नकली मुसकराहट के साथ उपहार लिया और सोफे पर लगभग पटक दिया तथा औपचारिकतावश 'थैंक यू' कहा। राज अपना दुःख लफ्जों में बयाँ नहीं कर सकता था। इसके बाद राज मेहरा जब भी दौरे या यात्रा से लौटता, किसी के लिए भी उपहार नहीं लाता। उसके लिए लोगों की नजर में 'उपहार' शब्द की कोई अहमियत ही नहीं है।

उस युवक की इस घटना से मुझे प्राचीन कहानी याद आ गई। एक बार एक युवक रेगिस्तान में भटक रहा था। वह स्फटिक से चमकते पानी के पास से गुजरा। वह पानी इतना मीठा था कि उसने अपने चमड़े के तामलोट में भी पानी भर लिया, ताकि वह अपने कबीले के बुजुर्ग और गुरु को यह पानी पिला सके। चार दिन की यात्रा के बाद उसने बुजुर्ग आदमी को पानी दिया। वृद्ध व्यक्ति ने एक गहरा घूँट पिया और मुसकराए तथा अपने शिष्य का शुक्रिया अदा किया, जिसने उन्हें इतना मीठा पानी पिलाया। वह युवक खुशी-खुशी अपने गाँव लौट गया। बाद में गुरु ने अन्य शिष्य को भी पानी पिलाया। उसने घूँट भरा और फिर पानी फेंक दिया। उसके मुताबिक, पानी कितना खराब था। साफ है कि पानी बासी हो चुका था, क्योंकि वह पुराने चमड़े के तामलोट में

भरा हुआ था। ''उस्ताद, पानी कितना बदबूदार था। आपने ऐसा क्यों कहा कि पानी कितना मीठा है?''

गुरु मुसकराए, ''बच्चे, तुमने पानी चखा है, मैंने उपहार का आस्वाद लिया है। पानी का कोई महत्त्व नहीं है। पानी में नहीं, उस युवक के प्यार में कितनी मिठास थी।''

हम सभी को इस कहानी से सीख लेनी चाहिए। अकसर हम उपहार लेते समय देनेवाले की भावनाओं को नजरअंदाज कर जाते हैं। जब आपके पास थोड़ा है और उसमें थोड़े में से भी आप कुछ देते हैं, तभी आप सचमुच किसी को उपहार देते हैं, कुछ देते हैं। लेबनानी-अमेरिकी लेखक खलील जिब्रान के शब्दों में—''इसी मुकाम पर आप 'खुद' से जुड़ते हैं। जब हमें कोई उपहार देता है, हमें उसकी दिल से तारीफ करनी चाहिए। हमें स्वयं भी याद रखना चाहिए, सिखाना चाहिए। आखिरकार, उपहार प्रेम की अभिव्यक्ति है, जो दिल से निःसृत होता है। जब हम आभार व्यक्त करते हैं तो हमें यह नहीं भूलना चाहिए कि मधुर शब्दों में प्रशंसा करना ही पर्याप्त नहीं होता है, हमें दिल की गहराइयों से वाणी में शब्द पिरोने हैं, उन शब्दों को जीना है।''

इसलिए सही सोचें। यह याद रखें—'रूखे-सूखे अंदाज से उपहार नहीं लेना चाहिए। दिल से शुक्रिया अदा करें।'

□

नए कौशल सीखें

किसी भी विनिर्माण कार्य के सिस्टम की एकमात्र संपत्ति मानव शक्ति होती है। मशीन, औजार तथा इमारतों जैसी प्रत्येक संपदा का मूल्य दिनोंदिन घटता है, इसीलिए कंपनियाँ निवेशकों के सामने अपनी योजना प्रस्तुत करते समय अपनी बैलेंस शीट में मूल्य-ह्रास के शीर्ष में ये मदें रखती हैं।

लेकिन मानव संपदा को और अधिक महत्त्वपूर्ण एवं मूल्यवान् बनाया जा सकता है। इस दिशा में जरूरी है कि कर्मचारियों को तैयार किया जाए तथा नए कौशल सिखाकर पुराने कौशल में संवृद्धि की जाए। यहाँ पर 'तैयार' शब्द आपके बाह्य व्यक्तित्व से जुड़ा है, अर्थात् आप किस तरह से स्वयं को पेश करते हैं। हार्वर्ड बिजनेस रिव्यू (एच.बी.आर.) के अनुसंधान से पता चलता है कि लोग मात्र 15 मिनट में ही बाह्य व्यक्तित्व को देखकर आपके बारे में तुरंत से राय बना लेते हैं। चाहे आप इंटरव्यू दे रहे हैं, पार्टी में या मीटिंग में हैं। इस तरह से आपकी अमिट छाप पड़ती है। प्रारंभ में नकारात्मक या गलत छाप मिटाते समय सही जानकारी के आठ अंश भी मिट जाते हैं। इसी फिल्टर से लोग आपके द्वारा किए गए कार्यों व क्रियाओं में आपको देखते हैं।

अत: आपको इस बारे में सावधानी बरतनी चाहिए कि आप खुद को कैसे प्रस्तुत करते हैं। अच्छी वेशभूषा, बैग, पेन, जूते, जुराब, रूमाल, बिजनेस कार्ड केस आदि जैसी वस्तुएँ अपने आप में खास नहीं होतीं; लेकिन सामूहिक रूप में ये सभी छोटी-छोटी ब्रांड तय करती हैं, आपकी पहचान बनाती हैं।

जहाँ तक खुद को माँजने या परिष्कृत करने का सवाल है, यह मार्केट में आपकी बातचीत करने, संप्रेषण के ढंग के अलावा और कुछ नहीं है। यह मार्केट आपके बॉस से प्रारंभ हो जाती है, जो आपकी पहचान बनाने की महत्त्वपूर्ण कड़ी हैं। यदि आप निरंतर ज्ञान अर्जित करके स्वयं का परिष्कार करते हैं तो इससे आप में आत्मविश्वास उत्पन्न होगा। यदि आप चाहते हैं कि आपके आसपास लोग आपके विचारों, कार्यनीतियों को सुनें या स्वीकार करें तो यह इस पर निर्भर करता है कि आप कैसे अपनी ब्रांड या

पहचान सँभाल पाते हैं।

जापान और जर्मनी जैसे देशों में कर्मचारियों के निरंतर विकास के लिए दीर्घ कालीन कार्यक्रम चलाए जाते हैं। इनके लिए रोजगार में लचीलेपन का तात्पर्य कर्मचारियों की योग्यता है। ये नियोक्ताओं से सहयोग मिलने पर नई क्षमताएँ विकसित करना सीखते हैं। जो कर्मचारी नई युक्ति (ट्रिक) नहीं सीख पाते, वे उन्हें हटाते नहीं, बल्कि उनमें निहित क्षमताएँ पहचानकर उनसे अलग-अलग क्षेत्रों में काम लेते हैं।

भारत जैसे उदीयमान (विकासशील) देश की तुलना में विकसित राष्ट्रों में कर्मचारियों के बीच अधिक संतोष पाया जाता है। यहाँ पर मुनाफे के लिए कर्मचारियों को बदलना श्रेष्ठ समझा जाता है। फिर भी, एच.बी.आर. के अनुसार—प्राय: ऐसी मनोवृत्ति से मुनाफा तथा उत्पादन कम होता है। विभिन्न सर्वेक्षण तथा अध्ययनों में यह माना जाता है कि कर्मचारी के पास आकर्षक सुधी व्यक्तित्व, ज्ञान, पैकेजिंग तथा संप्रेषण कौशल होने चाहिए, तभी सफलता मिल पाती है।

अमेरिकी मनोवैज्ञानिक रॉबर्ट स्टर्नबर्ग के अनुसार—''जीवन में सफलता पाने के लिए आपके पास रचनात्मक कौशल होना आवश्यक हैं, क्योंकि विश्व कितनी तेजी से बदल रहा हैं।'' अन्य देशों तथा लोगों के साथ मुकाबला करने के लिए व्यक्ति को अपने चारों ओर व्याप्त परिवेश में तेजी से सीखना होगा, जिसमें कर्मचारी और नियोक्ता दोनों को मिलकर कार्य करना है।

इसलिए, कर्मचारी और नियोक्ता दोनों सही ढंग से सोचें। कर्मचारी होने के नाते कार्यक्षेत्र में सफलता पाने के लिए आपके पास बहुविध तरीके होने चाहिए। नियोक्ता होने के नाते कर्मचारियों के भोथरे किनारों को तराशना चाहिए, ताकि वे आपके लिए उपयोगी एवं सार्थक बने रहें।

□

तलाक के बाद भी जीवन धारा प्रवाहमान रहती है

वे दिन लद गए, जब संबंध टूटने का अर्थ आत्मग्लानि के कोमा में चले जाना होता था। अब ऐसी क्षति को जाहिर करना, प्रदर्शन करना प्रचलन में नहीं रहा; बल्कि हिम्मत तथा नए जोश के साथ व्यक्ति फिर से, नए सिरे से जीवन की शुरुआत कर सकता है।

अमेरिका तथा अन्यत्र भी ऐसा हो रहा है। ये माँ-बेटी जीवन में तलाक जैसी कष्टदायी अनुभव झेल चुकी थीं। उन्होंने प्रदर्शनी 'स्टार्ट ओवर स्मार्ट' का आयोजन आरंभ किया। इसका अर्थ यह है कि तलाक के साथ ही जीवन का आनंद समाप्त नहीं हो जाता। अकसर तलाक नीरस और थकाऊ प्रक्रिया होती है। इसके कारण व्यक्ति का भावनात्मक और वित्तीय नुकसान होता है, सामाजिक कलंक की तो बात ही छोड़ दें। लेकिन अब सबकुछ बदल रहा है। आप नए सिरे से जिंदगी की शुरुआत कर सकते हैं।

वस्तुतः इस प्रकार की प्रदर्शनी सन् 2010 में पेरिस में लगी थी। वहाँ निकोल बारास फ्यूर तथा फ्रेंकलिन बारास नामक माँ-बेटी ने 'स्टार्ट ओवर स्मार्ट' विचार का प्रसार करना शुरू कर दिया। लेकिन इस प्रदर्शनी में है क्या? पहली बात, माँ-बेटी ने तलाक को 'सकारात्मक अनुभव' के रूप में बताया। उन्होंने इसे 'नई शुरुआत' कहा। केक व अँगूठी बेचने के अलावा महिला व पुरुषों के लिए अलग-अलग स्टॉल भी लगाए गए। कुछ वॉक-इन एजेंसियों ने स्टॉल लगाकर तेजी से डेटिंग कराने में मदद की, ताकि आप अतीत की कड़वाहट से जल्दी से उबर सकें। ऑनलाइन डेटिंग में भी आपकी मदद की जाती है। संवेदना से जुड़े रहस्यों तथा तलाक ले चुके पति से मिलने पर कैसे पेश आएँ, "इन विषयों पर सेमिनार आयोजित किए गए। इसके अलावा ऐसे विषयों पर सेमिनार आयोजित किए गए, जिनके कारण आपके मन में निराशा के क्षणों में कसक या टीस उठती है।" अपनी छवि सुधारने के लिए प्लास्टिक सर्जरी पर भी

सेमिनार आयोजित किया गया।

"हम में से कुछ लोग मजबूत होकर जीते हैं, लेकिन कभी-कभी हमारी हिम्मत जवाब दे देती है।" जर्मन-स्विस उपन्यासकार हर्मन हैस। प्रदर्शनी का विचार आपको इस घिनौनी घटना के दलदल में धँसने नहीं देता, बल्कि आशा जगाता है कि आप में जवाब देने की ताकत है, हिम्मत है। यहाँ स्पा, मैनीक्यूरिस्ट, नाखूनों के सौंदर्य विशेषज्ञ, एक्यूपंक्चर, एंटी एजिंग इलाज, योग तथा आकर्षक स्थलों एवं तटों के ट्रिप—ये सभी आपको युवा बनाए रखते हैं।

'तलाक' जैसा शब्द उद्योग का रूप ले सकता है, जहाँ पर्यटन, सौंदर्य उत्पाद, उद्योग तथा पार्टी उद्योग भी शामिल किए जा सकते हैं तथा लोगों को फिर से जीवन जीने के लिए प्रोत्साहित किया जा सकता है।

जीवन प्रकृति का बहुमूल्य उपहार है। यह अप्रिय अनुभव से ऊपर है। इसलिए नए सिरे से सोचें।

□

जीवन-रक्षा के लिए ड्यूटी की लक्ष्मण रेखा भी पार कर गए

वर्ष 1976 के उस दिन मौसम सुहावना था। राजकुमार तृकनाड मद्रास पोर्ट के तरंगरोध इलाके से बाहर 'टी.एस. कावेरी' क्राफ्ट चला रहा था। जब सूर्य ढलने जा रहा था, अचानक तूफान आ गया। कुछ ही क्षणों में समुद्र के हालात बिगड़ गए। राजकुमार ने क्राफ्ट मोड़ लिया। वह बेस की ओर लौट रहा था। तभी उसके सीनियर इंचार्ज (क्वार्टर मास्टर) मुत्तुस्वामी ने देखा कि मछली पकड़नेवाली नाव में तीन व्यक्ति डूबने से बचने के लिए हाथ-पैर मार रहे थे।

पोर्ट प्रबंधन में नौकरशाही का कठोर ढाँचा होता है। किसी सिविलियन की जान बचाने की कोशिश नहीं की जाती और यदि कोशिश की जाती है तो ऐसा करने के लिए लंबी प्रक्रिया से गुजरना पड़ता है। इसकी जानकारी नहीं दी जाती है, क्योंकि माना जाता है कि ऐसा करने से सरकारी क्राफ्ट को नुकसान पहुँच सकता है।

और कोई होता तो उन लोगों की परवाह भी नहीं करता। लेकिन राजकुमार और उसके साथियों ने ऐसा नहीं किया। टीम ने एक मिनट के लिए भी नहीं सोचा। उन्होंने क्राफ्ट की गति धीमी की, चारों ओर चक्कर लगाया, फिर वापस गए और नाव में फँसे तीनों लोगों को बचा लिया।

जब उन्होंने राजकुमार और टीम का शुक्रिया अदा किया तो राजकुमार यह सोचकर थोड़ा परेशान हो गए कि भले ही रक्षा करना उनकी प्राथमिकता रही, लेकिन प्रशिक्षण के दौरान दी गई हिदायत के अनुसार उनकी ड्यूटी को आँच पहुँची है।

अगले साल जब राजकुमार उन लोगों से मिले तो उनमें से एक व्यक्ति ने कहा, ''सर, उस दिन आपने जो हमारे लिए किया था, सभी कैप्टेन ऐसा नहीं करते। उस दिन हमारी मौत निश्चित थी। असल में हमारा जीवन आपके लिए समर्पित है।''

ऐसी एक अन्य घटना याद आती है। बेंगलुरु में वनिता कुम्टा की पैथोलॉजिकल लैब है। एक बार उनके पास ब्लड शुगर का चेकअप कराने एक महिला रोगी आई। उस

मरीज का फैमिली डॉक्टर वनिता की लैब के ठीक सामने प्रैक्टिस करता था। उस मरीज ने यह नहीं बताया कि वह मधुमेह की बीमारी से ग्रस्त है। उसने नियमित रूप से दवाई लेना बंद कर दिया था। लेकिन उसे चक्कर आ रहे थे, इसलिए ग्लूकोज लगा दिया। डॉक्टर ने उसे ब्लड ग्लूकोज की जाँच कराने के लिए वनिता के यहाँ भेजा था। वनिता ने जब उसकी रीडिंग ली तो शुगर का स्तर 250 मि.ग्रा. तक पहुँच गया था। वह फौरन डॉक्टर के क्लीनिक की ओर भागी, ताकि मरीज की खतरनाक स्थिति के बारे में बताया जा सके। इन्फ्युजन के तत्काल बाद डॉक्टर लैब में आए तथा वनिता का शुक्रिया अदा किया। इस तरह एक घातक दुर्घटना टल गई, क्योंकि उस मरीज ने अपनी 'मेडिकल हिस्ट्री' छिपाई थी, जिसके परिणामस्वरूप कुछ भी हो सकता था। पैथोलॉजिस्ट होने के नाते वनिता की ड्यूटी रिपोर्ट तैयार करके रखनी थी तथा जब तक मरीज रिपोर्ट नहीं ले लेता, तब तक उसका इंतजार करना था। लेकिन उसने अपनी ड्यूटी से आगे बढ़कर प्रयत्न किया और किसी की जान बचाई।

मदर टेरेसा ने कहा था—'मानवता ही परम धर्म है।' आज की भोगवादी दुनिया की भूल-भुलैया में सदाचार प्रोफेशनल कोड के रूप में जान बचाने जैसे सत्कर्म कहीं खो चुके हैं।

इसलिए सही सोचें। अपनी प्रोफेशनल जिम्मेदारी निभाते समय आपको अपनी ड्यूटी से आगे सीमा (लक्ष्मण रेखा) पार करनी पड़ती है। आपका छोटा सा प्रयास किसी की जान बचा सकता है।

□

प्रकृति नेक इनसानों की मददगार है

1990 के दशक में 'इंडियन एक्सप्रेस' के लिए न्यूज ब्यूरो खोलने के सिलसिले में मैं केरल के दौरे पर गया हुआ था। मैंने पोन्नानी में हार्डवेयर की एक दुकान के आगे साँप जैसी लंबी टेढ़ी-मेढ़ी लाइन देखी। उस दुकान पर कोई साइन बोर्ड भी नहीं लगा था, इसलिए मैं आपको दुकान का नाम नहीं बता सकता। मेरे पूछने पर बताया गया कि यह हार्डवेयर कम दवा का स्टोर है। लगभग 64 वर्ष की उम्र के के.वी. अबू बकर यह स्टोर चलाते हैं।

के.वी. डॉक्टर की परची दिखाने पर लोगों को मुफ्त दवाएँ बाँटता है। यह 'वन मैन शो' अबू बकर सेल्फ सर्विस (ए.बी.एस.एस.) नाम से जाना जाता है। मल्लापुरम, पलक्काड, त्रिशूर तथा कोझीकोड जिलों के गरीब मरीजों के लिए यह स्टोर वरदान है।

स्वयंसेवी संगठन के संरक्षण में के.वी. ने यह सेवा आरंभ की थी। उसने सन् 1971 में हार्डवेयर की दुकान खोली थी, लेकिन उसने इसी आउटलेट से मुफ्त दवाएँ भी बाँटनी शुरू कर दीं। पाँच जिलों के डॉक्टरों के साथ उसने संपर्क कायम किया। हर हफ्ते वह मुफ्त में मिली दवाओं के नमूने तथा बची हुई दवाइयाँ लेने अस्पताल जाता है। वह अपनी दुकान में उन दवाओं का भंडार रखता है। ठंडे तापमान पर रखी जानेवाली दवाएँ वह घर में अपने फ्रिज में रखता है।

वह विनीत व्यक्ति केवल दसवीं कक्षा तक पढ़ा है। के.वी. के पास दवाओं की विस्तृत जानकारी है। डॉक्टर के पास जल्दी-जल्दी जाने और फार्माकोलॉजी की पत्रिका पढ़ने से उसके पास खुराक, दुष्प्रभाव तथा दवा के उपयोग की अवधि समाप्त होने की तारीख जैसी दवा की जानकारी होती है। वास्तव में, डॉक्टर भी उस पर भरोसा करते हैं।

दूर-दराज से आनेवाले मरीजों को पहले दवा दी जाती है, लेकिन इमरजेंसी केस को तत्काल देखा जाता है। यहाँ तक कि आधी रात में भी के.वी. दिल की बीमारियों, मधुमेह तथा रक्तचाप की महँगी दवाएँ बाँटते हैं। उनका कहना है कि अभागे मरीजों के चेहरों पर मुसकराहट ही मेरे प्रयासों का श्रेष्ठ परिणाम है। कभी-कभी जब दवाइयाँ

स्टॉक में नहीं होतीं तो वह खरीदकर दवाएँ देता है। हर वर्ष, वह कम-से-कम 30,000 रुपए या इससे अधिक धनराशि खर्च करता है। निश्चित रूप में दानी सज्जन भी उन्हें दान देते हैं। के.वी. के मुताबिक, उसकी पत्नी तथा बच्चे ए.बी.एस.एस. पर खर्च करने पर एतराज नहीं करते।

के.वी. अतिरिक्त स्टॉक सरकारी अस्पतालों को दे देता है तथा बाढ़ व भूकंप के बाद आपदा-पीड़ित क्षेत्रों तक दवाएँ पहुँचाता है। डॉक्टर भी उसकी इज्जत करते हैं। इंडियन मेडिकल एसोसिएशन ने उनके सम्मान में प्रमाण-पत्र दिया है तथा सदस्यों से अनुरोध किया है कि के.वी. को हर संभव मदद दी जाए।

ग्रीक दार्शनिक प्लेटो का कहना था—"यदि आपके पास करुणा से भरा हृदय है तथा आप जरूरतमंद लोगों की सहायता करते हैं तो विभिन्न स्रोतों से आपको मदद मिलती रहेगी। जैसे-जैसे आपको संसाधन मिलेंगे, आपका हृदय और अधिक कोमल होता चला जाएगा।"

इसलिए हमेशा अच्छा सोचें। प्रकृति भी निस्स्वार्थ भाव से परोपकारी मिशन में लगे इनसानों की मदद करती है।

□

संतोष : जीवन का परम धन

प्रेरणा की माँ कर्नाटक में मेरे रिश्तेदार के घर में नौकरानी है। सन् 2012 में मेरे रिश्तेदार ने फोन पर बताया कि मैं एक पल गँवाए बिना कन्नड़ चैनल देखूँ। उन्होंने आगे बताया कि 'कौन बनेगा करोड़पति' के कन्नड़ रूपांतर में आज टी.वी. पर प्रेरणा आ रही है। इस कार्यक्रम को सिने मेगा स्टार पुनीत राजकुमार ने होस्ट किया है।

पूरा एपिसोड आँख खोलनेवाला था। 24 वर्ष की प्रेरणा 'हॉट सीट' के लिए चुनी गई तथा परिपाटी के मुताबिक, आरंभ में उसके परिवार की गाथा बताई गई। उसकी तीन बहनें और एक भाई है। उससे बड़ी एक बहन है। गरीब माँ-बाप के यहाँ जनमी प्रेरणा के पिता बेटा चाहते थे। शुरू से ही बेटियों के जन्म पर वह परिवार पर गुस्सा उतारने लगा। लेकिन जब तीसरी बेटी का जन्म हुआ, तब वह इतना परेशान हो गया कि उसने अपनी दुधमुँही बच्ची का सिर दीवार पर दे मारा। इसके कारण वह जीवन भर के लिए अपाहिज हो गई। वह लड़की कभी ठीक नहीं हो पाई तथा 20 वर्ष की उम्र से ही बहु मानसिक रूप से विकलांग थी। विडंबना यह है कि जब उनके यहाँ बेटा पैदा हुआ, तब उसके पिता परिवार को मँझधार में छोड़कर चले गए। अब माँ को अकेले अपने बच्चों का पालन-पोषण करना था।

प्रेरणा जानती थी कि उसके अपने प्रियजनों के कष्ट दूर करने हैं। शुरुआती कठिनाइयों के दौर में भी उसने स्नातक की पढ़ाई की; लेकिन पैसे की कमी के कारण डिग्री सर्टिफिकेट नहीं ले पाई। इसलिए जब चैनल ने यूनिवर्सिटी से उसकी डिग्री लेकर दी तो उसे सुखद आश्चर्य हुआ। उसकी खुशी का कोई ठिकाना नहीं रहा।

प्रेरणा इस शो में 3.20 लाख रुपए जीत गई। उसकी माँ और अपाहिज बहन इस शो में श्रोता के रूप में मौजूद थीं। आखिर में जब तालियों की गड़गड़ाहट के बीच पुनीत ने उसकी बहन से पूछा कि वह अपनी बहन से क्या चाहती है? तब उसने बाल सुलभ भोलेपन से जवाब दिया, "कुछ नहीं, बस एक चॉकलेट।" मेरी बात पर यकीन करें कि मैंने अभी तक अपने जीवन में इस स्क्रीन पर इससे ज्यादा नम आँखें कभी नहीं देखीं।

इससे मेरी सोच बदल गई। यदि मैं उसकी जगह होता तो मैं क्या माँगता—शायद आईफोन को आईफोन 4 एस में बदलना चाहता या हाइब्रिड साइकिल चाहता—कुछ आकर्षक वस्तु की चाह हो सकती थी। लेकिन चॉकलेट! यह एपिसोड विनम्र अनुभव था। इसने मेरे लिए 'संतोष' शब्द को पुनः परिभाषित कर दिया।

संतुष्टि पर हाल ही में हुए गेलअप सर्वेक्षण में भारत की गलत तसवीर सामने आई। इसमें कहा गया कि अनेक कारणों से भारत का 'संतुष्टि' स्तर गिर गया है। प्रायः जिस माह वेतन वृद्धि दी जाती है, उस माह कर्मचारी नाखुश रहते हैं। अधिकांश कर्मचारी चाँद चाहते हैं। जब उनकी इच्छाएँ यथार्थ की जमीन पर चकनाचूर होती हैं, तब उन्हें निराशा हाथ लगती है। सच्चाई यह है कि बहुत अधिक इच्छाएँ नाखुशी लाती हैं। लेखक मार्टी रूबिन ने सही कहा है—"जितना है, पर्याप्त है। लेकिन अधिक की चाह कभी भी पर्याप्त नहीं होती।"

इस आध्यात्मिक सत्य के बारे में सोचें—'संतोषं परम धनं', अर्थात् संतोष परम धन है, पूँजी है।

□

मातृत्व पूरे दिन की संतोषप्रद 'जॉब' है

एक महिला ट्रांसपोर्ट के स्थानीय दफ्तर से अपने ड्राइविंग लाइसेंस का नवीनीकरण करवाना चाहती थी। क्लर्क ने उससे उसका व्यवसाय पूछा। वह झिझकी और समझ नहीं पा रही थी कि खुद को किस श्रेणी में रखे। क्लर्क ने समझाया, "मेरा मतलब है कि आप कहीं नौकरी करती हैं या केवल…?"

"निस्संदेह मैं काम करती हूँ।" उस युवती ने तपाक से जवाब दिया, "मैं माँ हूँ।"

"हम माँ को किसी व्यवसाय या प्रोफेशन में नहीं रखते। आप गृहिणी की श्रेणी में आती हैं।" क्लर्क ने स्पष्ट किया। फॉर्म पर हस्ताक्षर किए और उसे लंबी लाइन में खड़ा कर दिया। वह तीन घंटे तक लाइन में खड़ी रही। वह पूरे समय अपने बच्चे के बारे में सोचती रही, जो काफी देर से भूखा होगा।

चार वर्ष बाद वही महिला अब तीन बच्चों की माँ बन चुकी थी। उसका फिर पुलिस स्टेशन के क्लर्क से पाला पड़ गया। उसे चरित्र प्रमाण-पत्र की जरूरत थी। क्लर्क ने पूछा, "आप क्या काम करती हैं?"

माँ हिचकिचाई और फिर बोली, "बाल विकास एवं मानव संबंध विषय में रिसर्च एसोसिएट हूँ।"

क्लर्क रुका, थोड़ा हैरान हुआ और देखने लगा। वह माँ धीरे-धीरे अपना व्यवसाय बताने लगी। वह हर शब्द पर जोर दे रही थी। तब यह देखकर वह हैरान हो गई कि उस क्लर्क ने सरकारी प्रश्नावली पर स्पष्ट शब्दों में काली स्याही से उसका जवाब लिखा। क्लर्क ने कहा, "आप अपने फील्ड में क्या काम करती हैं?"

वह शांत स्वर में बोली, "मैं लैब में निरंतर रिसर्च करती रहती हूँ। (क्या माँ ऐसा नहीं करती?) (सामान्यतः आप और मैं घर-बाहर यही करते हैं) मैं अपने मास्टर्स के लिए काम करती हूँ और मेरे पास तीन क्रेडिट हैं (तीन बेटियाँ)। बेशक, मानविकी (ह्यूमैनिटी) में इस कार्य की बहुत ज्यादा माँग है (कोई माँ इससे असहमत नहीं होगी)

और मैं अकसर रोजाना 14 घंटे काम करती हूँ।''

''लेकिन मेरी यह नौकरी साधारण कैरियर से अधिक चुनौती भरी है। यहाँ पैसे की तुलना में संतोष ज्यादा मिलता है।'' उसने कहा।

उसकी बातों से प्रभावित होकर क्लर्क ने फॉर्म भर दिया। वह खड़ा हो गया और स्वयं उस युवती को दरवाजे तक छोड़ने आया। जब वह घर पहुँची तो अपने आकर्षक और नए कैरियर से प्रफुल्ल थी। 10 वर्ष, 7 वर्ष और 3 वर्ष की उम्र के तीन लैब असिस्टेंट ने अपनी माँ का स्वागत किया। वह महसूस कर रही थी कि उसने नौकरशाही पर विजय पा ली है। सरकारी रिकॉर्ड में उसका मात्र 'माँ' या 'गृहिणी' की बजाय प्रतिष्ठित एवं मानव जाति के लिए महत्त्वपूर्ण कर्मी के रूप में परिचय दिया गया।

उपन्यासकार नेंसी ई. टर्नर ने कहा है—''मातृत्व किसी लड़की का सर्वश्रेष्ठ व्यवसाय या उत्तरदायित्व है। इसलिए माताओ, सही ढंग से सोचो, आपके कैरियर में मिलनेवाला संतोष ही सबसे बड़ा परितोष है। विश्व आपके कार्य के योगदान की सराहना कर सकता है या नहीं भी कर सकता है। लेकिन संतोष की दृष्टि से किसी अन्य प्रोफेशन की तुलना में सबसे ज्यादा संतोषप्रद व्यवसाय आपका है।''

□

हर पल का आनंद उठाएँ

सन् 2012 में मैं लगभग एक माह तक विषैले भोजन की समस्या से जूझता रहा। इस दौरान मैं लंबे समय तक बिस्तर पर ही रहा। एक दिन मैंने देखा कि मेरे बेडरूम की बालकनी में कबूतरों ने अपना घोंसला बना लिया है। मैं उस समय सिर्फ किताबें पढ़कर तथा टी.वी. देखकर ही अपना समय बिता रहा था, इसलिए मैंने ऐसी छोटी-छोटी बातों पर भी गौर किया, जबकि हम अपने व्यस्त जीवन में इनकी उपेक्षा कर देते हैं।

वे कबूतर तिनके लाकर उन्हें गोल-गोल बड़े सलीके से रख रहे थे। उस रचना संसार में वास्तु शिल्प का सौंदर्य झलक रहा था। मैंने फैसला लिया कि उन्हें परेशान नहीं करना है।

चार दिन बाद मैंने उस घोंसले में नए-नए दो अंडे देखे। उन पक्षियों के प्रति कोमलता का एहसास करते हुए मैंने कुछ सोचा। मैं ग्लूकोज ड्रिप का डिब्बा ले आया, उसमें मुलायम कपड़ा रखा और बड़े एहतियात से घोंसले को उसमें रख दिया। उनके माँ-बाप उस समय दाना चुगने गए हुए थे। मुझे यह चेतावनी दी गई थी कि इस तरह घुसपैठ करने से पक्षी सदमे में आ जाएँगे और हो सकता है कि दुबारा उस ओर रुख ही न करें।

ऐसा हो सकता है, क्योंकि ये पक्षी मुंबई में रहते हैं। लेकिन मैंने इस चेतावनी की ओर ध्यान ही नहीं दिया। मम्मा पक्षी अर्थात् कबूतरी रोज आती, अंडों पर बैठती और जिसे मैं पापा पक्षी या कबूतर समझ रहा था, वह पास खड़ा रहता। हरेक व्यक्ति मुझे बार-बार चेता रहा था कि कबूतर सचमुच बहुत परेशानी खड़ी करते हैं। लेकिन मैंने कभी भी अंडों को छेड़ा नहीं हो सकता है, इसकी वजह यह रही हो कि मैं स्वयं बीमार था। और मुझे सहानुभूति की जरूरत थी। जल्दी ही कबूतरों ने अंडे दे दिए और उनमें से नन्हे-नन्हे बच्चे निकल आए। ऐसा लग रहा था, मानो किसी ने उनके कोमल पंखों को कंघी करके सँवार दिया हो। बच्चे बड़े प्यारे लग रहे थे। मम्मा-पप्पा कबूतर

नियमित रूप से आते, अंदर झाँकते और बच्चों की खुली चोंच में दाना डालते थे। वह दृश्य बड़ा आकर्षक और हृदयस्पर्शी था।

धीरे-धीरे बच्चे और बड़े व मजबूत होते चले गए। अब वे फुदक-फुदककर उस डिब्बे को लुढ़का देते थे। वे बाहर आकर बड़ी शान से चारों ओर देखते, मानो वे 10वें तल से दुनिया का नजारा देख रहे हों। मेरा समय अच्छा गुजर रहा था। वे कबूतर के बच्चे 'फ्रेंच विंडो' से झाँकते थे। अकसर वे अपने छोटे-छोटे पैरों पर नाचते थे या फुदकते रहते थे। मैं उन्हें कहीं और हटा सकता था, लेकिन मैंने ऐसा नहीं किया; क्योंकि वे अभी भी बहुत लाचार, छोटे और कमजोर थे।

जल्दी ही वे फुदक-फुदककर बालकनी के बेस में आने लगे। इसी दौरान उनके माँ-बाप भी लगातार समय पर दाना लाकर देते रहे। और फिर एक दिन वे छोटे कबूतर उड़ गए। मैंने उन्हें दोबारा नहीं देखा, लेकिन मैं जानता था कि मेरे मस्तिष्क में यह सुखद स्मृति हमेशा बनी रहेगी।

बड़े शहरों के व्यस्त जीवन ने हमारे आनंद के क्षण लूट लिये हैं। ये क्षण हमारी जिंदगी के लंबे समय में हिस्सा बने रहते हैं। इस व्यस्त एवं आपाधापी से भरे जीवन की विषम परिस्थितियों में अटके हैं और इन लमहों को जीने के लिए मिलनेवाले मौकों से चूक जाते हैं। मैं यहाँ एक्ट्रेस आंद्रे हेबर्न के शब्दों को दोहराना चाहता हूँ—"आनंद हमारे स्वास्थ्य की नींव है तथा यह हमारी अमूल्य स्मृति का आधार है।"

इसलिए सही सोचें। आनंद के छोटे-छोटे अमूल्य क्षणों को चुरा लें, लपक लें।

□

मित्र : हमारे अनदेखे प्रतिद्वंद्वी

कहते हैं कि दुश्मन या प्रतिद्वंद्वी हमारे मन के सबसे भद्दे, घृणा से भरे कोनों से बाहर आते हैं। एक पुरानी कहानी है। कैमरा बनानेवाली प्रमुख कंपनी 'कोडक' ने कभी सपने में भी नहीं सोचा था कि मोबाइल बनानेवाली कंपनी उनकी प्रतिद्वंद्वी हो सकती है। उस कंपनी ने मोबाइल फोन पर ही कैमरे की सुविधा दे दी।

किसने यह सोचा था कि टेलीविजन को इंटरनेट मात दे देगा? कल्पना करें कि सबसे बड़ी वेबसाइट यह दम भरती है कि 1 मिनट में 60 घंटे की वीडियो अपलोड की जा सकती है। रोजाना 4 अरब से अधिक वीडियो देखी जा सकती हैं, प्रतिमाह 3 अरब घंटों से अधिक वीडियो देखी जाती हैं, प्रतिमाह लाखों-करोड़ों में वीडियो साइट पर जानेवाले लोगों की तादाद बढ़ रही है। 60 वर्ष की अवधि में अमेरिका के तीन प्रमुख टी.वी. नेटवर्क जितने कार्यक्रम तैयार करते हैं, उससे कहीं अधिक वीडियो प्रतिमाह अपलोड की जा रही हैं।

इसी प्रकार से हाल ही में जब वाइन तैयार करनेवालों ने शिकायत की कि उनका कारोबार डगमगा रहा है तथा पिछले 10 वर्षों से वे बुरे दौर से गुजर रहे हैं तो आम धारणा क्या होगी? स्पष्ट है कि कर लगना। लेकिन वस्तुस्थिति ऐसी नहीं है। ऑल इंडिया वाइन प्रोड्यूसर्स एसोसिएशन के अध्यक्ष जगदीश होलकर ने बताया है कि यह कारोबार डगमगा रहा है, क्योंकि रेस्तराँ में सुरक्षा व्यवस्था पर्याप्त नहीं है। मुंबई में ताज होटल में 26/11 के हादसे के बाद ग्राहकों ने डरकर होटल में जाना कम कर दिया है। एसोसिएशन चाहती है कि होटल भी सार्वजनिक स्थल माने जाएँ तथा राज्य सरकार वहाँ पर भी समुचित सुरक्षा व्यवस्था मुहैया कराए, ताकि ग्राहकों का विश्वास पुन: जाग्रत् हो।

आपके न जाने कितने अज्ञात व अनदेखे प्रतिद्वंद्वी हो सकते हैं। अब ऐसे में आपके दोस्त हैं कहाँ? 'एसेंयोर' जैसी कंपनियाँ कर्मचारियों को इस बात की इजाजत देने लगी हैं कि वे अपनी अतिरिक्त छुट्टियाँ आपस में बाँट सकें। अचानक किसी की

मृत्यु हो जाने पर, माँ-बाप के बीमार पड़ने पर, दुर्घटना होने पर कर्मचारियों को छुट्टी लेनी पड़ती है। ऐसे में उनकी तनख्वाह कटती है। लेकिन यदि कंपनी में किसी कर्मचारी के पास अधिक संख्या में छुट्टियाँ हैं तो वह आपको अपनी छुट्टियाँ दे भी सकता है। इसमें कर्मचारियों के बीच मधुर संबंध ही स्थापित नहीं होते, बल्कि संगठन में सर्वोत्तम मानव संबंध बने रहते हैं।

यहाँ पर मैं यह भी बताना चाहता हूँ कि कारोबार में या कार्यस्थल पर कोई मित्र या शत्रु अचानक ही उभरकर सामने नहीं आता। मैं चार्ल्स बॉडलेयर के शब्द उद्धृत करना चाहता हूँ—"किसी शैतान की सबसे बड़ी चाल यह होती है कि वह आपका लगातार पीछा करता रहता है, लेकिन आपको इसका भान ही नहीं होता।" किसी अनजान शत्रु या प्रतिद्वंद्वी की सबसे बड़ी शक्ति उसकी कुटिलता में, उसके द्वारा रचे गए भ्रमजाल में निहित होती है।"

इसलिए, अच्छा सोचें। अगर आपका कोई दोस्त है तो उत्तम, लेकिन यदि आपको अपने दुश्मनों की चुनौतियों का सामना करना है तो आपको हमेशा सतर्क व सजग रहना होगा; क्योंकि आपका शत्रु या प्रतिद्वंद्वी कहीं से भी, कभी भी अपना सिर उठा सकता है।

□

पैसा नहीं, बल्कि इच्छा-शक्ति के बलबूते पर ही सफलता मिलती है

गोपाल सुंदर राज जयपुर में वैज्ञानिक पद पर कार्य करते हैं। आर.वी. कर्णन महाराष्ट्र में वन के सहायक परिरक्षक हैं। दोनों की उम्र 27 वर्ष है। दोनों ही एक-दूसरे को नहीं जानते, लेकिन दक्षिण भारत के समाचार-पत्रों में उनकी तसवीर साथ-साथ छपी, क्योंकि दोनों ने सन् 2012 में सिविल सर्विस परीक्षाओं में सफलता प्राप्त की थी।

गोपाल तमिलनाडु में किलकर्रड के पास एक छोटे से गाँव का रहनेवाला है, जिसकी आबादी 175 से ज्यादा नहीं है। उसकी माँ एस. राजम्मल तथा पिता एस. शन्मुगवल तीसरी और पाँचवीं कक्षा तक ही पढ़ पाए। माता-पिता दोनों ही अपने बच्चे को उच्च शिक्षा दिलवाना चाहते थे और उसे अंग्रेजी माध्यम के स्कूल में भेजना चाहते थे। परंतु गरीबी उनके आड़े आ रही थी। गोपाल को एक तमिल स्कूल में भेजा गया, जहाँ नि:शुल्क पढ़ाई होती थी।

लेकिन गोपाल दृढ़ निश्चयी व संकल्पशील बालक था। वह लगातार अथक प्रयास एवं मेहनत करता रहा। उसका जीवन कठोरतम परिस्थितियों से गुजर रहा था। जीवन भर गोपाल अपने मामा के घर के एक हिस्से में जीवन बिताता रहा था। उनके परिवार के पास न तो अपनी जमीन थी, न मकान। गोपाल को अपनी बहन सुंदरा योगलक्ष्मी से सहयोग एवं प्रेरणा मिलती रही। वह 'इन्फोसिस' में काम करती थी। गोपाल गली की रोशनी में या पड़ोसी के घर पढ़ता था, जहाँ बिजली की व्यवस्था थी। अंतत: कठोर परिश्रम, दृढ़ संकल्प तथा निष्ठा अपना रंग लाई और गोपाल का स्वप्न साकार हुआ।

अब कर्णन घर आते हैं। उनकी अच्छी पारिवारिक पृष्ठभूमि थी। वे भारतीय वन सेवा परीक्षा 2007 में अखिल भारतीय स्तर पर अव्वल रहे। उनके पिता आर. वीराराघवन (56) अलगप्पा आर्ट्स कॉलेज में लाइब्रेरियन हैं तथा माँ वी. विजयलक्ष्मी चेन्नई से

800 कि.मी. दूर एक छोटे से जिले कराईकुडी में सब-रजिस्ट्रार हैं।

कर्णन ने कभी कोचिंग नहीं ली। वह महसूस करता है कि यू.पी.एस.सी. परीक्षाओं में स्पर्धा परीक्षा की विधि और पैटर्न की समझ पर टिकी है।

इसका अर्थ है कि सफलता पाने के लिए वित्तीय पृष्ठभूमि आड़े नहीं आती। यदि आप अपनी मंजिल तक पहुँचना चाहते हैं तो कोचिंग क्लासों में जाना जरूरी नहीं है। सबकुछ आपके भीतर है।

अमेरिकी लेखक डेल कार्नेगी के शब्दों में—"सफलता वही पा सकता है, जिसमें कुछ करने की चाहत हो, हिम्मत हो, साहस हो। हम हाथ-पैर मारे बिना नाव किनारे पर नहीं लगा सकते। यदि आप में इच्छा-शक्ति है, निष्ठा की भावना है तथा आपके साथ माता-पिता और शुभाकांक्षी लोगों का साथ है, तभी आप अपनी मनचाही मंजिल पर पहुँच पाएँगे।"

□

आपकी दुर्बलता में ही आपकी शक्ति छिपी है

10 वर्ष का यह लड़का जानता था कि कार दुर्घटना में उसकी बाईं भुजा जा चुकी है, फिर भी उसने जूडो सीखने का निर्णय लिया। जापान के अनुभवी व बुजुर्ग जूडो मास्टर से उसने जूडो सीखना शुरू कर दिया। वह लड़का बहुत अच्छा प्रदर्शन कर रहा था, लेकिन वह यह नहीं समझ पा रहा था कि तीन वर्ष के कठोर प्रशिक्षण के बाद भी मास्टर केवल एक ही दाँव या चाल क्यों सिखा रहे हैं?

अंत में लड़के ने पूछा, ''संसई, क्या मुझे और कोई दाँव या चाल नहीं सीखनी चाहिए?''

संसई ने जवाब दिया, ''आप केवल यही दाँव जानते हैं, लेकिन आपको हमेशा यही दाँव सीखना होगा, चलना होगा। मुझ पर भरोसा रखो।''

लड़का इस जवाब से ज्यादा संतुष्ट नहीं हुआ, लेकिन वह प्रशिक्षण लेता रहा। कई माह बीत जाने के बाद संसई उस लड़के को पहले टूर्नामेंट में ले गए और यहीं उसे सामान्य लोगों के साथ लड़ना था। आश्चर्य! वह लड़का बड़ी आसानी से पहले दो मैच जीत चुका था। तीसरा मैच ज्यादा कठिन था। लेकिन कुछ देर बाद विरोधी अपना धीरज खो बैठा और उसने वार किया; परंतु वह लड़का अपनी इस एकमात्र चाल में इतना दक्ष था कि उसने उस चाल से मैच जीत लिया।

वह लड़का अपनी कामयाबी पर चकित था। अब वह फाइनल में पहुँच गया था। इस बार उसका विरोधी अधिक बड़ा, मजबूत तथा अधिक अनुभवी था। क्षण भर के लिए ऐसा लगा कि वह लड़का हार रहा है। रेफरी ने सोचा कि लड़के को चोट पहुँच जाएगी, इसलिए 'टाइम आउट' घोषित कर दिया। वह मैच रोकने ही जा रहा था कि संसई ने बीच में हस्तक्षेप कर दिया और कहा, ''नहीं, मैच जारी रहने दें।''

शीघ्र ही मैच फिर चल पड़ा। अब दूसरे खिलाड़ी ने भारी भूल कर दी। उसने अपना गार्ड उतार दिया। तत्क्षण लड़के ने अपनी चाल चली और उस खिलाड़ी पर काबू पा लिया। अब वह लड़का टूर्नामेंट जीत चुका था।

घर लौटते समय लड़के और संसई ने प्रत्येक मैच की हर चाल की समीक्षा की। लड़के ने हिम्मत जुटाते हुए पूछा कि ''मैंने एक ही चाल से यह टूर्नामेंट कैसे जीत लिया?''

''तुमने दो कारणों से जीत हासिल की है।'' संसई ने जवाब दिया, ''सबसे पहले, तुमने जूडो की सबसे कठिन चाल पर महारत हासिल कर ली है और दूसरे, तुम्हारे लिए उस चाल का एकमात्र बचाव यह था कि वह तुम्हारी बाईं भुजा पकड़ ले। उस लड़के के पास बायाँ हाथ नहीं था यही उसकी सबसे बड़ी कमजोरी थी। लेकिन इसी कमजोरी की वजह से उसने अपने द्वंद्वी को धराशायी कर दिया।''

जर्मन राजनीतिज्ञ ओटोवान बिस्मार्क ने कहा है—''सबल के हाथों निर्बल की हार दुर्बल की नियति है। हम निर्बल हैं या सबल, यह हमारे ऊपर निर्भर करता है। हम सब में कोई-न-कोई कमी है। यह हम पर निर्भर करता है कि हम इस पर कलप रहे हैं या हम इसे अपनी ताकत बनाकर अधिक सबल को परास्त करते हैं।''

इससे यह संदेश मिलता है कि कुछ खास है हम सभी में। क्या खास है हम सभी में केवल कमजोर हृदयवाला ही सोचता है कि उसमें कोई कमी है। इसलिए जिंदगी को आँखें डालकर देखो, इसके सार तत्त्व को आत्मसात् करो।

□

जरा सोचें–आप में कितनी इनसानियत है?

स्मृति 1 : कई वर्ष पहले की बात है। आई.टी.आई.-बी के डॉ. एस.एस. भार्गव ने मैनेजमेंट प्रोग्राम के अंतिम वर्ष के भाग रूप में क्लास टेस्ट लिया। अंतिम सवाल था—"कैंपस की इमारत में झाड़ू लगानेवाली महिला कर्मचारी का क्या नाम है?"

यकीनन यह मजाक ही था। मैंने कई बार सफाई करनेवाली महिला को देखा था, लेकिन भला मैं उसका नाम क्यों जानना चाहूँगा! चूँकि यह क्लास टेस्ट था, मैंने अपने इस सवाल पर ध्यान नहीं दिया। मैंने उत्तर-पुस्तिका सौंप दी, परंतु अंतिम प्रश्न का उत्तर नहीं दिया।

उसी समय मैंने एक विद्यार्थी को प्रोफेसर से यह पूछते सुना, "यदि अंतिम प्रश्न का जवाब नहीं दिया तो क्या कुल अंकों पर फर्क पड़ेगा?"

"निश्चित रूप में।" प्रोफेसर ने कहा, "आगे चलकर आप अपने कैरियर में अनेक लोगों से मिलेंगे। सभी का अपना-अपना महत्त्व होगा। आपका इन लोगों पर ध्यान देना तो बनता ही है, भले ही आप मुसकराकर 'हैलो' ही कहें।"

अगले एक माह के लिए विद्यार्थी अंतिम परीक्षाओं की तैयारी कर रहे थे। इस दृष्टि से आश्वस्त होना चाहते थे कि उन्हें लाइब्रेरियन, चपरासी आदि का नाम तथा उसकी जिम्मेदारी, यहाँ तक कि चायवाले का नाम पता हो। हमारा मकसद था कि यदि कोई ऐसा अजीब सा सवाल पूछा जाए तो हम उसका भलीभाँति जवाब दे सकें।

अंतिम परीक्षाओं में ऐसा कोई सवाल था ही नहीं। लेकिन आज जब हम 'एल्मनी' की बैठकों में मिलते हैं तो हमें सभी कर्मचारियों के नाम याद हैं। प्रोफेसर डॉ. भार्गव एक कोने में खड़े यह सोचकर मुसकराते हैं कि उन्होंने हमारे मन में किस सीमा तक इनसानियत जगाई है। मैं वह पाठ कभी नहीं भुला पाया। मुझे उस महिला का नाम आज भी याद है, जो इमारत की सफाई करती थी—सरस्वती।

स्मृति 2 : न्यूयॉर्क शहर का आँखों देखा वर्णन है। 8 दिसंबर की कड़कती ठंड में 10 वर्ष का एक बच्चा नंगे पाँव शू स्टोर के सामने खड़ा है। वह ठंड से काँप रहा था,

लेकिन वह खिड़की से अंदर झाँक रहा था।

पास में ही एक महिला बस का इंतजार कर रही थी। उसने कहा, ''आप क्या देख रहे हैं?''

लड़के ने कहा, ''मैं भगवान् से एक जोड़ी जूते माँग रहा हूँ।''

उस महिला ने उसका हाथ पकड़ा और उसे स्टोर के भीतर ले गई तथा क्लर्क से कहा कि बच्चे के लिए छह जुराबें पैक कर दे। फिर लड़के से कहा कि वह जुराबें पहन ले। इसके बाद उसने जूते खरीदे। उसने बाकी जुराबों के जोड़े पैक किए और उस लड़के को थमा दिए। उसने प्यार से उसका सिर थपथपाया और कहा, ''अब आपको पहले से ज्यादा आराम मिल रहा होगा।''

जैसे ही वह जाने के लिए मुड़ी, हैरान बालक ने उसका हाथ पकड़ लिया और भरी आँखों से पूछा, ''क्या आप भगवान् की पत्नी हैं?''

इस पर महिला ने कहा, ''नहीं, कल दुर्घटना में मेरे बेटे की एक टाँग चली गई है और मैं इनसान बनने की कोशिश कर रही हूँ।''

महात्मा गांधी ने कहा है—''इनसान होने के नाते हमारा बड़प्पन परमाणु युग में दुनिया को ढालने में नहीं, बल्कि आत्म-सुधार में निहित है। हम जानते हैं कि हम कभी भगवान् नहीं बन सकते, न ही भगवान् का रोल निभा सकते हैं। लेकिन कम-से-कम हम इनसान तो बन सकते हैं।''

□

अकेले इनसान के प्रति तत्क्षण सहृदय बनें

सेनी की साँस की गति धीमी पड़ती जा रही थी। उसे असहनीय दर्द हो रहा था। डॉक्टरों ने उसके बचने की उम्मीद छोड़ दी थी। 6 अगस्त से पहले की रात थी। सेनी ने कुछ बोलने के लिए मुँह खोला, लेकिन उसके मुँह से सिर्फ कराह ही निकली। डॉक्टर ने पूछा, ''क्या आप किसी से कोई बात करना चाहती हैं?''

''यश...यू.एस. में...''—सेनी ने कहा। बड़ी मुश्किल से वह ये शब्द कह पाई। यश...6 अगस्त...उसका जन्मदिन...ऐसा लग रहा था, मानो कल की बात हो।

वर्ष 2002 की गरमियाँ थीं। संजोति केणी हेगड़े अपने 7 वर्ष के बेटे के साथ भारत आई थीं। यू.एस. में यश के जन्म के बाद यह उसकी पहली भारत यात्रा थी। तब यश ने पहली बार सेनी को देखा था। बंगलुरु में उसके दादा-दादी रहते थे। वह उनके यहाँ नौकरानी थी। वह कर्नाटक के छोटे से गाँव की रहनेवाली थी। जब से उसने होश सँभाला था, तभी से वह इस घर में काम करती आ रही थी। उसका घर-परिवार नहीं था, जो उसके लिए कुछ कहता और न ही इस दुनिया में कोई ऐसा कोना था, जिसे वह 'अपना' कह सके।

एक सुबह नाश्ते पर सब चाय पी रहे थे। यश ने फुसफुसाकर अपनी माँ से पूछा, ''मॉम, सेनी का जन्मदिन कब आता है?''

एक क्षण के लिए वह सकते में आ गई। हालाँकि वह सेनी को कई बरसों से जानती थी, लेकिन उसने सेनी से इस बारे में कभी नहीं पूछा था।

''आप खुद ही क्यों नहीं पूछ लेते?'' उसने कहा।

उस बच्चे ने ऐसा ही किया। निस्संदेह, सेनी न तो इस दुनिया में आने की अपनी तिथि जानती थी, न ही वर्ष। वास्तव में वह यह जानकर हैरान और आनंदित थी कि किसी ने उससे यह सवाल तो पूछा।

माँ ने देखा कि यश थोड़ी देर बाद चुप हो गया। लेकिन उस दिन शाम को वह फिर माँ के पास आकर बोला, ''मॉम, मैं यह मानता हूँ कि हर इनसान का जन्मदिन

होता है तथा चूँकि सेनी को अपना जन्मदिन याद नहीं है, अतः आज से उसका जन्मदिन 6 अगस्त होगा। अब से मैं इसके लिए छोटी सी 'बर्थ डे' पार्टी करूँगा।''

''यकीनन।'' माँ ने कहा और वह सोच रही थी कि यश थोड़ी देर बाद सब भूल जाएगा।

लेकिन नहीं, छोटा सा लड़का सचमुच बर्थ-डे पार्टी करने आ रहा था। वह सेनी के लिए केक तथा उसकी मनपसंद आइसक्रीम-स्ट्रॉबेरी लाया। घर के किसी भी सदस्य को इस बारे में कोई जानकारी नहीं थी। कभी किसी ने कुछ पूछने की जरूरत भी नहीं समझी। यश ने कुछ लोगों को घर पर बुलाया तथा मैं भी उस पार्टी में शरीक हुआ था। मैंने इस बारे में भी सलाह दी कि सेनी के लिए कौन सा उपहार सही रहेगा।

बड़ा दिन आ ही गया। यश बहुत प्रफुल्लित था। उसने सेनी को सोफे पर बैठने के लिए मजबूर किया (शायद इससे पहले वह कभी भी सोफे पर नहीं बैठी थी)। उसने सेनी को मोमबत्ती बुझाने तथा केक काटने के लिए कहा। सबसे बड़ा आश्चर्य, पहला टुकड़ा उसे खुद खाने के लिए कहा—पुनः। उसने ऐसा पहले कदापि नहीं किया था। उसने सभी उपहारों के सभी पैकेट खोले। साड़ियाँ, टूम छल्ले···बड़ी सी मुसकान उसके झुर्रियों भरे चेहरे पर बिखर गई। तब यश उसके पास आकर उससे लिपट गया और उसे चूमने लगा। बड़ी-बड़ी भूरी आँखें उस थके-माँदे व बूढ़े चेहरे में कुछ देख रही थीं। फिर बोला, ''सेनी, आई लव यू।''

उस क्षण उसकी आँखों से आँसू टपक पड़े। उसने जल्दी से अपनी साड़ी के पल्लू से आँसू पोंछ लिये।

''आपको भी यही कहना है।'' वह अचानक बोल उठा। उसने मुसकराकर बच्चे को देखा और बोली, ''मैं भी तुम्हें प्यार करती हूँ।''

इसके बाद हर रात यश हमेशा सेनी से लिपटकर उसे चूमता और सोने से पहले, ''आई लव यू।'' कहना-सुनना नहीं भूलता। जब भारत से जाने का समय आया तो यश ने अपने दादाजी से यह वायदा लिया कि वे हर वर्ष सेनी का जन्मदिन मनाएँगे।

लेकिन दो वर्ष बाद सेनी को गर्भाशय का कैंसर हो गया। उसे अस्पताल में भरती कराया गया। डॉक्टर ने यश के दादाजी को बताया, ''इसकी जिंदगी के थोड़े ही दिन बचे हैं।''

डॉक्टर ने संजोति को फोन करके बताया कि सेनी यश से बात करना चाहती है। उस समय अमेरिका में 11 बजे थे। संजोति एक क्षण के लिए भी नहीं रुकी। वह यश को स्कूल से लेकर आई और फोन थमा दिया, ''हाय, सेनी! आप कैसी हैं?''

सेनी के गालों पर आँसू टपक पड़े। वह कुछ बोलना चाहती थी; कुछ नहीं,

बल्कि बहुत कुछ कहना चाहती थी। लेकिन वह सिर्फ यही शब्द बुदबुदा पाई, ''आई लव यू यश!''

''लव यू टू सेनी, आप जल्दी ठीक हो जाएँगी।''

उसी रात सेनी की जीवन-लीला का अंत हो गया।

''यदि आपके मन में दान की, कुछ देने की चाह नहीं है तो आपका हृदय निष्ठुर, पाषाण है।'' अंग्रेज-अमेरिकी कामेडियन, बॉब होप ने कहा था। इस छोटे से बच्चे ने अकेली बूढ़ी औरत के प्रति करुणा व अपनापन दिखाकर उसे जीवन भर की खुशियाँ दे दीं। अपनी अंतिम साँस तक उसने यश की याद सँजोकर रखी। संजोति जैसे माँ-बाप भी धन्य हैं, जिन्होंने अपने बच्चे यश को अनुमति दे दी कि वह सेनी को खुशी भरे चंद लमहे दे। अधिकांश माँ-बाप इस बात की परवाह भी नहीं करते।

इसलिए यदि आप किसी के प्रति दयालु होना चाहते हैं तो इसी क्षण यह बदलाव लाएँ।

□

मिल-बाँटकर खाने से ज्यादा संतुष्टि और कहीं नहीं

संभवतः भारत में खनन मजदूर और उनके परिवारों का सबसे ज्यादा शोषण होता है। सन् 1980 के दशक में मैं आंध्र प्रदेश के कडप्पा जिले के छोटे से कस्बे कोडरू गया था। वहाँ मुझे अपने मित्र के साथ उसकी कंपनी की निरीक्षण प्रयोगशाला में जाने का अवसर मिला। उस सुदूर बेराइटस खान में निर्यात के लिए अयस्क और खनिज पदार्थों का परीक्षण किया जाता है।

वहीं मैंने खनन मजदूरों और उनके परिवारों की दुर्दशा देखी। वे किसी-न-किसी तरह बस जीवन बिता रहे थे। गरम तापमान में वह शुष्क भूमि झुलस रही थी। घोर गरीबी का चारों ओर बोलबाला था। जीवन-संघर्ष में सहिष्णुता की सीमा युवा माताओं में दिखाई दे रही थी। उन्होंने 40-45 डिग्री तापमान में गरमी में रेलवे बैगन के नीचे बाँधे गए झूले या पालने में दुध-मुँहे बच्चे लिटा रखे थे और खुद महिलाएँ पत्थर या बड़े-बड़े ढेले तोड़ रही थीं।

रात में छोटे से ढाबे में पूड़ी-भाजी के डिनर का ऑर्डर देने के बाद अचानक मैंने देखा कि तीन बच्चे भूख से तड़प रहे हैं। मैंने उनके लिए भी ऑर्डर दे दिया। मैं सोच रहा था कि ये तीनों खाने पर टूट पड़ेंगे; लेकिन मैं हैरान था। उन्होंने खाना लिया और चले गए। मैं उत्सुक था। मैंने कुछ दूरी तक उनका पीछा किया और देखा कि वे अपने मित्रों, माँ-बाप से जाकर मिल गए। सभी भूख से तड़प रहे थे। उन सभी ने कुछ पूड़ियाँ बाँट लीं। सिर्फ एक बच्चे को कुछ ग्रास ज्यादा मिले थे। लेकिन वे असीम आनंद लुटा रहे थे। वास्तव में उन्होंने शिष्टता सीखी थी। सबसे ज्यादा खास बात—वे अपने बीच मिल-बाँटकर खाते थे।

उनके व्यवहार में यह गरिमा कहाँ से आई? मुझे हैरानी हो रही थी। बड़े शहरों में आपने ऐसा दृश्य, ऐसे लोग देखे ही नहीं होंगे। घोर गरीबी के बावजूद बच्चों में बाँटकर खाने की भावना मौजूद है। मुझे फ्रांसीसी नाटककार जीन निकोलस बुली के

शब्द याद आते हैं—"जब दूसरों के बीच मिल-बाँटकर खाते हैं तो हमारे पास जो कुछ है, उसकी कीमत बढ़ जाती है।"

यह जीवन हमें उपहार में मिला है। यदि जीवन का भरपूर आनंद उठाना चाहते हैं तो खुशियाँ बाँटें। देखें, यह भावना हमारे मन को ही नहीं, बल्कि व्यस्त शहरी-जीवन के दबाव को भी दूर करती है।

□

प्रौद्योगिकी पर नहीं, इनसानों पर विश्वास करें

अंतरराष्ट्रीय एयरलाइन कंपनी में पहली बार हाजिरी के लिए 'स्वाइप' सिस्टम शुरू किया गया था। यह पहला महीना था। प्रबंधन वर्ग शत-प्रतिशत शुद्ध आँकड़े पाने के लिए उत्साहित था। इसलिए प्रत्येक व्यक्ति को आते-जाते समय अपना कार्ड 'स्वाइप' करना था।

पहले माह के पहले तीन दिन तक मशीनरी और सिस्टम परखा गया। इस दौरान रजिस्टर में हाजिरी भी लगानी थी, साथ ही कार्ड 'स्वाइप' करना था। शेष 27 दिन सभी कर्मचारियों को कार्ड 'स्वाइप' करना था।

लेकिन 45 दिनों के भीतर ही सबसे निचले स्तर के मजदूर की दिल का दौरा पड़ने से मृत्यु हो गई। इस खबर से पूरी कंपनी में खलबली मच गई। यहाँ तक कि प्रबंधन वर्ग भी अछूता नहीं रहा। मृत्यु नहीं, बल्कि मृत्यु की वजह चौंकानेवाली थी। वह कर्मचारी मार्च 2012 में पूरे 31 दिन अपनी ड्यूटी पर आया। जब उसे वेतन मिला तो यह जानकर वह सकते में आ गया कि रजिस्टर में उसे 28 दिन गैर-हाजिर दिखाया गया, जबकि तीन दिन की तनख्वाह अन्य अनिवार्य कटौतियों में कट गई। इसलिए उस माह उस कर्मचारी को वेतन नहीं मिला।

सर्वप्रथम उसने यह सोचकर तसल्ली कर ली कि कहीं कोई चूक हो गई होगी। वह आवश्यक पत्र लेकर प्रबंधकों के पास गया। प्रबंधन वर्ग ने सपाट शब्दों में यह कहकर उसका अनुरोध ठुकरा दिया कि अहाते में कर्मचारी की मौजूदगी साबित करने के लिए स्वाइपिंग कार्ड होना जरूरी है। प्रबंधन वर्ग का यही तर्क था कि जब 1,387 कर्मचारियों में से प्रत्येक कर्मचारी कार्ड 'स्वाइप' करके वेतन ले रहा है तो यही कर्मचारी कैसे इस सिस्टम को झुठला सकता है?

यद्यपि सुपरवाइजर ने कहा कि वह धीरज रखे, वह इस मुद्दे को सीधे अधिकारियों के पास लेकर भी गया तथा कोशिश की कि उसे अंतरिम मदद मिल जाए; लेकिन कर्मचारी को दिल का दौरा पड़ गया तथा उसी दिन उसकी मृत्यु हो गई।

जब अंतिम रूप से निपटान के लिए वह कार्ड प्रबंधन को दिया गया, तब पता चला कि वह कार्ड तो 'डम्मी' कार्ड था, न कि कोडित कार्ड, जिसमें कर्मचारी के बारे में सारी सूचना होती है। चूँकि वह कर्मचारी सिस्टम में 'डम्मी' कार्ड इस्तेमाल करता रहा, इसलिए उस सिस्टम में उसका कोई रिकॉर्ड मौजूद नहीं था। कार्ड में कोई सूचना न होने के कारण कर्मचारी की हाजिरी नहीं लग पाई।

सर्वश्रेष्ठ पुस्तक 'द डेविल इन द व्हाइट सिटी' के लेखक एरिक लॉर्सन ने 'इसाक्स स्टॉर्म' पुस्तक में इसाक क्लाइन की सत्य कथा दी है। वह व्यक्ति अमेरिकी वैदर ब्यूरो का निष्ठावान् कर्मचारी था तथा उसने सन् 1900 में टेक्सास के गाल्वेस्टन में तूफान द्वारा मचाई गई तबाही का प्रत्यक्ष अनुभव किया था। वह अमेरिका की सबसे भयंकर प्राकृतिक आपदा थी तथा समूचा शहर नक्शे से मिट गया था, जिसमें 5,000 से भी अधिक लोगों की जानें चली गईं। उस पुस्तक में लेखक ने बताया कि पुराने जमाने की प्रौद्योगिकी होने के बावजूद वहाँ के कर्मचारियों ने इस तूफान को भलीभाँति भाँप लिया था। फिर भी, यहाँ इनसान नाकाम रहा, क्योंकि बॉस प्रौद्योगिकी में विश्वास करते थे, न कि कर्मचारियों पर। इस पुस्तक के अंत में कहा गया है कि अधुनातन प्रौद्योगिकी भी हमारी सुरक्षा को खतरे में डाल सकती है।

अमेरिकन लेखक अर्नेस्ट हेमिंग्वे के शब्दों में—"किसी निष्कर्ष पर पहुँचने का यही तरीका है कि यदि आप किसी पर भरोसा कर सकते हैं तो उस पर पूरा भरोसा करें।" इसलिए प्रौद्योगिकी का यकीनन इस्तेमाल करें, लेकिन विश्वास इनसानों (कर्मचारियों) का करें।

□

विपदा दूर करने के लिए स्वयं को बदलें

एक युवती अपनी माँ के पास गई और बताया कि वह बहुत बुरे हालात से गुजर रही है। वह नहीं जानती थी कि वह कैसे इन पर काबू पाए। वह निराश हो चुकी थी, संघर्ष करते-करते थक चुकी थी। ऐसा लगता था, मानो एक समस्या सुलझती नहीं और दूसरी खड़ी हो जाती थी।

उसकी माँ उसे रसोई में ले गई। उसने तीन बरतनों में पानी भरा। तीनों बरतन आँच पर चढ़ा दिए। जल्दी ही बरतनों में पानी उबलने लगा। पहले बरतन में माँ ने गाजर डाली, दूसरे में अंडे और तीसरे में कॉफी के दाने डाल दिए। वे दोनों चुपचाप बैठ गईं। वे उन तीनों के उबलने का इंतजार करने लगीं।

20 मिनट में माँ ने बर्नर बंद कर दिए। उसने गाजर निकालकर बाउल में रख दी। फिर अंडे निकालकर बाउल में रख दिए। आखिर में एक बाउल में कॉफी डाली।

तब वह अपनी बेटी की ओर मुड़ी और बोली, "अच्छा, अब बताओ, तुमने क्या देखा?"

"गाजर, अंडे और कॉफी।" बेटी ने जवाब दिया।

माँ ने कहा, "और नजदीक आकर गाजर छूकर देखो।"

बेटी ने वैसा ही किया। उसने देखा कि गाजर नरम पड़ गई है। तब माँ ने कहा कि अंडा उठाकर तोड़ो। छिलका उतारने के बाद बेटी ने देखा कि अंडा आधा उबला है। अंत में माँ ने कहा कि कॉफी का घूँट भरकर देखो। बेटी ने कॉफी की खुशबू व स्वाद चखा। तब बेटी ने कहा, "इन सबका क्या अर्थ है?"

उसकी माँ ने बताया कि हर वस्तु एक जैसी प्रतिकूल परिस्थिति में थी, अर्थात् खौलते पानी में डूबी थी; लेकिन प्रत्येक की प्रतिक्रिया अलग-अलग थी। उबलते पानी में गाजर नरम पड़ गई। अंडा फूटने लगा। इसका पतला बाहरी हिस्सा खोल इसके तरल पदार्थ को बचाकर रखता है। लेकिन उबलते पानी में तरल पदार्थ कठोर पड़ गया। परंतु कॉफी के दाने अनूठे हैं। उबलते पानी में डालने पर पानी की रंगत ही बदल गई। अब

तुम इनमें से किस जैसी हो?'' माँ ने पूछा।

जब विपत्ति आती है तो आप कैसी प्रतिक्रिया करते हैं? गाजर, अंडा या कॉफी के दाने की तरह? सोचो, मैं क्या हूँ? क्या मैं गाजर की तरह ताकतवर दिखती हूँ, लेकिन दर्द, विपत्ति में कमजोर पड़ जाती हूँ? क्या मैं अंडा हूँ, जिसमें भावुक व कोमल हृदय है, लेकिन ताप से बदल जाती हूँ? या मैं कॉफी के दाने की तरह हूँ? वास्तव में, कॉफी ने गरम पानी को ही बदल दिया और जब पानी उबलने लगता है तो उसमें से खुशबू आने लगती है?

अमेरिकी लेखक विलियम आर्थर वार्ड के अनुसार—''मुसीबत में कुछ लोग कमजोर पड़ जाते हैं, कुछ रिकॉर्ड तोड़ देते हैं।'' सोचें—जब आप बदतर हालात में हों तो क्या आप अपने आसपास को बदल सकते हैं? आप विपत्ति में कैसे खुद को सँभालते हैं? आप गाजर हैं, अंडा हैं या कॉफी के दाने?

यही सार्थक विचार है।

□

उत्तम जीवन का आधार–शिक्षा

हममें से अधिकांश लोग फ्लाइट के दौरान दो अनजान लोगों के बीच सैंडविच बनकर नहीं बैठना चाहते। आप सोचेंगे कि दोनों तरफ बैठे लोगों से आपको परेशानी होगी। सन् 2012 में फ्लाइट के दौरान मैं 72 वर्षीया एक वृद्धा और लगभग 50 वर्ष के दुखी व उदास चेहरेवाले पुरुष—दोनों के बीच बैठा था।

लेकिन मुझे इस यात्रा के दौरान सुखद अनुभव प्राप्त हुए।

बुजुर्ग महिला ने अपना परिचय दिया। उसका नाम माधुरी तथाचारी था। वह कैलिफोर्निया यूनिवर्सिटी की रिटायर्ड रिसर्च डाटा मैनेजर थी। उस समय वह मैसूर, कर्नाटक में वाई.टी. का भ्रमर ट्रस्ट चला रही थी। प्रतिवर्ष वह उन लोगों की मदद करती थी, जो प्राकृतिक आपदा के दौरान अपने परिजनों व परिवार से बिछुड़ जाते थे। अलग-अलग क्षेत्रों में कार्यरत वैज्ञानिकों के श्रेष्ठ कार्य को पहचानने के लिए कार्यरत देश भर की विभिन्न संस्थाओं की मदद करती थी और अपने पति प्रोफेसर वाई.टी. तथाचारी की याद में ऐसे वैज्ञानिकों को सम्मानित करती थीं, जो विख्यात वैज्ञानिक एवं विद्वान् हैं।

माधुरी योग्य वैज्ञानिकों को एक लाख रुपए का नकद पुरस्कार देती हैं, ताकि युवाओं के बीच अनुसंधान और विकास के क्षेत्र में रुचि उत्पन्न की जा सके। युवाओं को उपयोगी एवं सशक्त मंच प्रदान करने के लिए वे कर्नाटक संगीत की प्रतियोगिताएँ (प्रवेश निःशुल्क) आयोजित करती हैं। वे कर्नाटक संगीत की दुनिया की महान् संगीतज्ञ गायिका एम.एस. सुब्बुलक्ष्मी के नाम से पुरस्कार देती हैं। वे मैसूर में पशु चिकित्सालय खोलने पर भी विचार कर रही हैं, ताकि आवारा कुत्तों और अन्य पशुओं का इलाज हो सके।

सर्वश्रेष्ठ बात यह है कि माधुरी जरूरतमंदों की मदद के लिए चंदा इकट्ठा नहीं करतीं, बल्कि इस नेक मकसद से अपने संसाधनों का इस्तेमाल करती हैं। माधुरीजी इंजीनियरिंग और नर्सिंग जैसे पाठ्यक्रमों के लिए फीस चुकाकर गरीब विद्यार्थियों की

मदद करती हैं, साथ ही, कैंसर और हृदय रोगों से पीड़ित मरीजों की मदद करती हैं, क्योंकि विदेशों में रह रहे उनके बच्चों ने कह रखा है कि उनके लिए पैसा जोड़ने की जरूरत नहीं है, अपनी बचत को नेक कार्यों में खर्च करें।

दूसरी ओर आशुतोष बैठे थे। वे प्राइमरी शिक्षा, बिहार के निदेशक थे। उन्होंने पिछले कुछ दिनों में 150 से भी ज्यादा पत्रों पर हस्ताक्षर किए हैं। उन्होंने इस पर दुःख व्यक्त किया कि शिक्षा के क्षेत्र में समुचित गुण-संपन्न योग्य व्यक्ति नहीं हैं। उन्होंने 150 अध्यापकों को नौकरी से निकाल दिया, क्योंकि जब अंग्रेजी, गणित, हिंदी और सामान्य ज्ञान की पाँचवीं कक्षा के स्तर तक उनकी योग्यता परखी गई, तब वे सब बुरी तरह से फेल हो गए। उन्होंने मुझे बताया कि "मैंने विभिन्न जिलों के अपने जूनियर अधिकारियों को हिदायत दे रखी है कि वे मेरे इस आदेश का सख्ती से पालन करें, जिसमें अगले पखवाड़े के दौरान कुछ पैरामीटरों में सभी अध्यापकों को परखने की अनुमति दी गई है।" उन्होंने कहा कि "और भी कई अध्यापकों को अपनी नौकरियों से हाथ धोना पड़ेगा, लेकिन वह यथासंभव आनेवाली पीढ़ी को सर्वश्रेष्ठ अध्यापक देने के लिए प्रतिबद्ध हैं।"

मैं लगातार अपने उन दो सहयात्रियों के बारे में सोचता रहा। एक अच्छे अध्यापक चाहता है, दूसरा उत्तम शिक्षा को बढ़ावा देना चाहता है। मैं इन दोनों के बीच रिक्त स्थान की पूर्ति करना चाहता हूँ। हाँ, आखिरकार अगली पीढ़ी की आधारशिला शिक्षा ही है।

दक्षिण अफ्रीका के पूर्व राष्ट्रपति नेल्सन मंडेला के अनुसार—"इस दुनिया को बदलने का सर्वोत्तम माध्यम शिक्षा ही है।" अपने चारों ओर देखें। ऐसे अनेक उदाहरण मिलेंगे, जो इसकी पुष्टि करते हैं कि यदि शिक्षा के आधार पर व्यक्ति की सुदृढ़ नींव रखी जाती है तो उसका जीवन कभी डगमगाएगा नहीं।

□

पूर्व धारणा आपको बरबाद कर सकती है, निष्पक्ष रहें

गणेश (बदला हुआ नाम) की गुजरात में अपने मूल नगर में बदली हो गई थी। ऐसे में दिल्ली छोड़ते समय उसने कभी कल्पना भी नहीं की थी कि उसके जीवन में सब उलटा-पुलटा हो जाएगा। वह स्वभाव से बहुत नुक्ता-चीनी करता था। गणेश बड़ी बारीकी से अपने पैसे की व्यवस्था करता था। दूसरे, कार्डधारक के रूप में कार्ड पर उसकी पत्नी लक्ष्मी (बदला हुआ नाम) का नाम लिखा था।

जब कभी लक्ष्मी क्रेडिट कार्ड से खरीदारी करती, गणेश को मोबाइल पर खर्च के बारे में बैंक से जानकारी मिल जाती। वह अपनी पत्नी को बुलाकर पूछता कि उसने क्या खरीदा है और मोबाइल पर बताई गई रकम सही है या नहीं। उसका इरादा गलत नहीं था; लेकिन छोटे-मोटे खर्चों पर भी पूछताछ की उसकी आदत से लक्ष्मी चिढ़ने लगी थी।

समय के साथ उसकी यह प्रवृत्ति इतनी बढ़ गई कि वह ओछी हरकतें करने लगा। एक किटी पार्टी में उसकी पत्नी ने फब्ती कस दी, "आजकल गणेश अपने पिता की तरह ही कंजूस हो गए हैं।"

गणेश के पिताजी के कानों तक वे शब्द पहुँच गए।

जब गणेश को पता चला तो ऐसी बचकानी हरकत के लिए वह लक्ष्मी को डाँटने लगा। लक्ष्मी को भी गुस्सा आ गया। तकरार इतनी बढ़ गई कि आखिरकार दोनों ने अलग हो जाने का फैसला ले लिया तथा दोनों अपनी-अपनी राहों पर चल पड़े।

कुछ समय बाद अहमदाबाद में गणेश के पिताजी की मृत्यु हो गई। गणेश अंतिम संस्कार के लिए विमान से वहाँ पहुँच गए। लोकल ब्रांच के 'कू' 12 बजे दोपहर को दाह-संस्कार में मौजूद थे। कंपनी से कोई भी इस मौके पर नहीं पहुँचा, क्योंकि किसी को भी इस दु:खद समाचार की खबर ही नहीं थी। संस्कार के बाद 'कू' घर चला

गया, फिर नहा-धोकर कपड़े बदले और लंच के बाद ऑफिस आ गया। आकर चुपचाप काम करने लग गया। उसने अपनी सेक्रेटरी को कह दिया कि स्टाफ को गणेश के पिता की मृत्यु की खबर ऑफिस के घंटों के दौरान न बताए, ताकि लोग अपने-अपने घर जाते समय ही उससे अफसोस व्यक्त करें।

'कू' यह सोचता था कि यदि वह 12 बजे दोपहर को ही बता देता तो कामकाज छोड़कर आधा स्टाफ गणेश से मिलने आ जाता या उसके विवाद को लेकर गप्पें हाँकते जो हर तरह से समय की बरबादी होती।

लेकिन स्टाफ ऐसा नहीं सोचता। उन्हें लगा कि 'कू' में इनसानियत नहीं, बल्कि उसके पास पत्थर का दिल है, तभी तो उसने अपने पिता की मृत्यु का दुःखद समाचार अपने तक ही रखा। नहीं तो वे अपने सहयोगी के पिता की अंत्येष्टि में जाते।

"चीजों को देखने का नजरिया बदलें, चीजें भी अपने आप बदल जाएँगी" प्रख्यात लेखक वेथने डायर।

प्रत्येक व्यक्ति को यह समझने की जरूरत है कि हमें इस सोच के साथ फैसला नहीं करना चाहिए कि संदेश ग्रहण करनेवाला आपकी बात या दृष्टिकोण को कैसे ग्रहण करता है। यदि आप अच्छे नेता हैं तो दूसरे पक्ष के नजरिए से संदेश ग्रहण करें और फिर विश्लेषण करें कि ग्राही क्या सोचता होगा। इसके बाद ही सही निर्णय लें।

□

उबंतू

यह नृ-विज्ञानी की कहानी है। वह अफ्रीकी जनजाति के रीति-रिवाजों तथा आदतों का अध्ययन कर रहे थे। अधिकांश समय वे चारों ओर बच्चों से घिरे रहते थे। इसलिए उन्होंने फैसला लिया कि वे इनके साथ खेलेंगे। वे कुछ कैंडी ले आए अमूल्य और उन्हें पेड़ की जड़ के नीचे सजी हुई टोकरी में रख दिया।

तब उन्होंने बच्चों को बुलाया और कहा, ''आओ, हम सब एक खेल खेलते हैं। जब मैं कहूँगा—'अभी', तो आप दौड़कर पेड़ के पास जाओगे और जो पहले पहुँचेगा, उसे सारी कैंडी मिलेंगी।'' जब उस व्यक्ति ने 'अभी' कहा तो सभी बच्चे एक-दूसरे का हाथ पकड़कर इकट्ठे दौड़ने लगे और एक साथ पेड़ के पास पहुँचे। सभी ने कैंडी बाँटकर खुशी-खुशी खाईं।

नृ-विज्ञानी ने पूछा कि जब किसी एक बच्चे को सारी कैंडी मिल सकती थीं, तब आप सभी इकट्ठे क्यों दौड़े? तब एक बच्चे ने जवाब दिया, ''लेकिन सर, फिर 'उबंतू' का क्या होता? जब सभी बच्चे उदास होते तो एक ही बच्चा कैसे खुश रह सकता है?''

'उबंतू' अफ्रीका की जनजातियों का दर्शन, विचारधारा है। सारांश में, इसके अनुसार—''मैं जो भी हूँ, आज सभी की वजह से हूँ।'' दक्षिण अफ्रीका के प्रवर्तक बिशप डेसमंड टुटू ने सन् 2008 में स्पष्ट किया था—''अफ्रीकी देशों की एक कहावत 'उबंतू' है।'' यह मानव जीवन का सार है। उबंतू में खास तौर पर, इस बारे में कहा गया है कि सभी मनुष्यों से कहकर आपका, किसी व्यक्ति का कोई वजूद अस्तित्व ही नहीं है। इसमें परस्पर जुड़ने की बात की गई है। आप केवल खुद में सिमटकर इनसान नहीं बन सकते। जब आप में 'उबंतू' गुण होता है, तभी आप अपनी उदारता के कारण जाने जाएँगे। हम प्राय: मात्र व्यक्ति के रूप में अपने बारे में सोचते हैं, एक-दूसरे से कटकर स्वयं को देखते हैं, पहचानते हैं; जबकि हम परस्पर जुड़े हैं। आप जो भी कर्म करते हैं, उसका पूरे विश्व पर असर पड़ता है। जब आप सत्कर्म करते हैं तो आपका प्रभाव क्षेत्र

फैल जाता है, तथा पूरी मानवता उससे जुड़ी होती है।

सीमित दायरों में सिमटे समाज में, मनुष्यों के प्रत्येक समूह, धर्म, दर्शन में जीवन की व्यापकता पर विचार करना कठिन हो जाता है। विश्व के बीच प्रत्यक्ष या अप्रत्यक्ष अथवा यहाँ तक कि सतही अंतर न हो, हमें सही मायनों में 'उबंतू' बनना है, मिल-बाँटकर खाना है।

''कभी-कभी संकुचित दायरों से बाहर निकलकर किसी का हाथ थामने पर सफर की शुरुआत होती है। इससे दूसरों को आपकी मदद लेने या आपको मदद देने की अनुमति मिलती है।'' विज्ञान गल्प कथाकार वेरा नाजारियन।

तमाम समुदायों की समवेत उन्नति से समाज स्थिर बना रहता है। दूसरों के बारे में सोचें, उन्हें आगे बढ़ने का मौका दें और आप देखेंगे कि सामाजिक बुराइयाँ दूर हो जाएँगी। समवेत उन्नति से बेहतर संबंध स्थापित होते हैं, जबकि अलगाव से केवल संहार की मनोवृत्ति पनपती है।

□

आपके भीतर का 'एक्स' फैक्टर

अकसर इस पर आश्चर्य होता है कि "यह 'एक्स' (X) फैक्टर क्या है, जिसके बारे में लोग प्राय: बात करते हैं?" क्या इसका अर्थ ऐसा संपन्न व्यक्ति है, जिसे 'एक्स' फैक्टर कहा जाता है? क्या इसका अर्थ दूसरों से भिन्न होना है? क्या इससे कोई व्यक्ति अधिक खास बनता है? क्या वह अन्यों की तुलना में अधिक आकर्षण का केंद्र होता है? क्या वह भीड़ में सबसे अलग है?

हाँ, ये सभी ऐसे फैक्टर हैं, जो मिलकर 'एक्स (X) फैक्टर' कहलाते हैं। इस फैक्टर के बारे में कुछ खास नहीं है। यह बात करने, मुसकराने या भाव-भंगिमा का खास अंदाज है या आँखों में झलकता भाव अथवा अभिवृत्ति है। हममें से प्रत्येक के पास यह गुण होता है। इसे ढूँढ़ने की आवश्यकता है। यह फैक्टर आपको अपने भीतर मिलेगा। व्यक्ति को सर्वगुण-संपन्न बनने के लिए इस अनूठे गुण को हासिल करना होगा।

कभी टेलीविजन पर लोकप्रिय टैलेंट शो 'द एक्स फैक्टर' आता था। निर्णायक गण अलग-अलग प्रतिभागियों का अध्ययन करते थे तथा ऐसे व्यक्ति का पता लगाने की कोशिश करते थे, जिसमें शब्दातीत यह गुण हो, जिसकी वजह से वह व्यक्ति अनूठा बन सकता है। शो को देखते हुए मैंने देखा कि किसी भी व्यक्ति पर जज अंगुली नहीं रख सकते थे। वहाँ मात्र 'टैलेंट' या प्रतिभा या बाह्य बनावट अथवा व्यक्तित्व को नहीं आँका जाता था; बल्कि इनमें कुछ ऐसी बात जरूर थी, जिससे ये आम लोगों से हटकर थे। इसका उन्हें लाभ मिला। मुझे याद है कि जजों ने कहा था—"मैं नहीं जानता कि आप में ऐसा क्या है, लेकिन आप में कुछ खास है।" इसे ये 'एक्स फैक्टर' कहते हैं। यही 'X' या एक्स या अज्ञात गुण है।

अपने एक इंटरव्यू में कांचीपुरम मुट्ठ स्वामी चंद्रशेखर ने कहा था, "ठीक, इसी तरह से जब ईश्वर ने आप में जीवन का संचार किया, तब उन्होंने आपके जीवन में कुछ खास दिया। आपके जीवन में कुछ ऐसा है, जो आपको अलग पहचान देता है जो

आपको अवसर हासिल करने की शक्ति देता है। इससे आप बाधाओं पर विजय पाते हैं। आपके सपने साकार होते हैं। आप इंटरव्यू लेने के लिए मेरे सामने बैठे हैं, क्योंकि आप लिख सकते हैं और इसी कारण से मैं आपके साथ अपना समय बिता रहा हूँ। यही आपका गुण है।'' उन्होंने अपने कथन को इन शब्दों के साथ समाप्त किया।

ब्रिटिश लेखक जॉर्ज बर्नार्ड शॉ ने एक बार मानव जाति के आंतरिक संघर्ष का वर्णन करते हुए कहा था, ''मेरे भीतर दो कुत्ते हैं—एक कुत्ता नीच एवं बुरा है, दूसरा नेक है। नीच कुत्ता नेक कुत्ते से हर समय लड़ता रहता है।''

जब उनसे पूछा गया कि कौन सा कुत्ता जीतता है, तो शॉ एक क्षण सोचने लगे और फिर जवाब दिया—''जिस पर मैं ज्यादा ध्यान देता हूँ।''

प्रत्येक व्यक्ति में एक्स फैक्टर है। आप सबको इसे पहचानने की जरूरत है। यह आप पर निर्भर करता है कि आप सपने साकार करने में इससे कैसे मदद ले सकते हैं।

हमें शॉ की तरह सोचना है और अपने सामने यह विचार रखना है। यह हम पर निर्भर करता है कि हम नेक कुत्ते के 'एक्स' फैक्टर का कैसे ध्यान रखते हैं, ताकि हम शिखर तक पहुँच सकें।

□

हर रात के बाद उजाला होता है

यह स्मरणीय घटना है। कुछ वर्ष पहले मेरे मित्र ने इस विषय पर एक फोटो प्रदर्शनी लगाई कि किस प्रकार से भारत तीन शताब्दियों से बोन चाइना की क्रॉकरी जैसी वस्तुएँ बनाता आ रहा है। मेरे इस मित्र का उत्तरी दिल्ली में बेहतरीन क्वालिटी की बोन चाइना की क्रॉकरी बनाने का कारोबार है।

उस प्रदर्शनी के प्रवेश द्वार पर भगवान् बुद्ध की विशाल मूर्ति रखी थी। हमने कई बार विचार-विमर्श किया तथा अंत में हमने दो कहानियाँ लिखीं और सभी के पढ़ने के लिए वे कहानियाँ प्रदर्शित की गईं। वे कहानियाँ इस प्रकार हैं—

कहानी 1 : यह मिट्टी के बने खूबसूरत लाल रंग के कप या कसोरे की कहानी है। रचनाकार ने बड़ी मेहनत से यह बरतन बनाया था। कभी चाक पर घुमाया कभी थपथपाया तथा उसे आवाँ में रखकर तपाया। फिर, उस पर ब्रुश से कारीगरी करते हुए पेंट किया। फिर से आवाँ में रखकर तपाने लगा। जब वह संतुष्ट हो गया तो उस कसोरे के सामने आईना रखकर पूछा, "क्या तुम सुंदर लग रहे हो?"

चाय के कसोरे को विश्वास ही नहीं हो पा रहा था कि वह इतना सुंदर है।

तब रचनाकार ने कहा, "मैं जानता हूँ कि चाक पर घुमाते समय और थपथपाते समय तुम्हें चोट पहुँची होगी; लेकिन यदि मैं ऐसा न करके तुम्हें छोड़ देता तो तुम सूख जाते। मैं जानता हूँ कि चाक पर घुमाते समय तुम्हें चक्कर आ रहे होंगे; लेकिन यदि मैं अपना चाक रोक लेता तो तुम टेढ़े-मेढ़े हो जाते। मैं जानता हूँ कि गरम आवाँ में रखते समय तुम झुलस गए होंगे, लेकिन यदि मैं तुम्हें तपाता नहीं तो तुम में दरारें पड़ जातीं। ब्रुश करते समय उसकी फ्यूम तुम्हें अच्छी नहीं लगती; लेकिन यदि मैं ऐसा नहीं करता तो तुम इतने मजबूत नहीं होते, न ही तुम्हारे जीवन में रंगत आ पाती। अब तुम परिष्कृत उत्पाद बन चुके हो। मैंने शुरू में जैसा सोचा था, तुम वैसे ही हैं।"

कहानी 2 : यह कहानी भगवान् बुद्ध की शिक्षाओं में से ली गई है। एक बार गौतम नामक दुखी स्त्री कष्टों से निजात पाने के लिए भगवान् बुद्ध से मिलना चाहती

थी। बुद्ध ने बताया, "मेरे लिए मुट्ठी भर सरसों के दाने लाकर दो और मैं बदले में तुम्हें खुशियाँ लौटा दूँगा। लेकिन वे दाने केवल उसी घर से लाना, जहाँ पर कोई दुःख न हो।"

गौतमी पूरे गाँव में घर-घर गई, लेकिन हर किसी ने कहा कि, 'हमारे यहाँ तो अनेक कष्ट हैं।' गौतमी को ऐसा एक भी घर नहीं मिला, जहाँ दुःख न हो।

अंत में गौतमी बुद्ध के पास आई और बोली, "हर परिवार में कोई-न-कोई दुःख अवश्य है। अब मैं आपकी सीख समझ गई हूँ।"

भगवान् बुद्ध ने कहा, "कोई भी व्यक्ति दुःख से नहीं बच सकता। यदि लोग जीवन में केवल खुशी चाहते हैं तो उन्हें निराशा ही मिलेगी।"

एक बार हेलेन कैलर ने कहा था, "यदि जीवन में सिर्फ खुशियाँ-ही-खुशियाँ होतीं तो हम कभी भी वीर और धैर्यवान् होना नहीं सीख पाते।" लेखक खलील जिब्रान ने कहा था, "आपकी खुशी में ही दुःख छिपा है। आपके जीवन में दुःख जितना गहरा होगा, आपको उतनी ही खुशी मिलेगी। सुख-दुःख अटूट हैं।"

सुख और दुःख इकट्ठे ही आते हैं। जब एक आपके साथ बैठा होता है तो दूसरा सो रहा होता है। इसी वजह से पूर्वजों ने कहा है कि अँधेरे के पीछे हमेशा उजाला होता है।

□

ग्रामीण बाजार का विस्तार आवश्यक है

कोंकण प्रदेश में अल्फांसो नामक आम उगानेवाले, नागपुर में संतरे उगानेवाले, कश्मीर में सेब उगानेवाले तथा पूर्वी भारत के कुछ भागों में आलू की फसल उगानेवाले किसानों में कौन सी आम बात पाई जाती है? यदि आप सोचें कि ये सभी बुनियादी तौर पर किसान हैं, जो फसल उगाते हैं और बेचते हैं तथा पैसा कमाते हैं तो आप सही हैं। लेकिन यह आंशिक सत्य है, क्योंकि आप उनकी ग्रामीण पृष्ठभूमि जैसे महत्त्वपूर्ण कारक को छोड़ देते हैं। यह कारक है—आकांक्षा।

जरा सोचें, ग्रामीण अपेक्षाएँ शहरी भारत जितनी उच्च एवं आकर्षक हैं। अंतर केवल उसकी अभिव्यक्ति का है। ग्रामीण लोग गहराई तक जड़ें फैला चुकी इच्छाओं को मुखरित नहीं कर पाते। वे चाहते हैं कि कोई आगे आकर उनकी जगह ले ले तथा उनके बारे में बातचीत करे। मकान, परिवार और पर्याप्त धन होने के बाद वे अच्छा जीवन-यापन करते हैं—और वह भी स्वस्थ एवं स्वच्छ वातावरण में। उन्हें भी कार चाहिए। वे भी सपना देखते हैं कि बाग के बीचोबीच वे गाड़ी चला रहे हैं, उनके साथ उनकी पत्नी बैठी है। लेकिन अनेक लोग उनकी अव्यक्त इच्छाओं को समझ नहीं पाते।

एक कंपनी ऐसी है, जिसने दबी हुई इच्छाओं को गंभीर रूप में लिया। यह कंपनी है—मारुति सुजुकी। उसने टाटा ट्रक को छोटे से चलते-फिरते थिएटर में बदला और उसे गाँव-गाँव में ले गए तथा ग्रामीण लोगों को 13 मिनट की मारुति सुजुकी पर बनी कैप्सूल फिल्म दिखाई। उस ट्रक में स्प्लिट ए.सी., पुश बैक कुरसियाँ तथा सैमसंग की बड़ी एल.सी.डी. स्क्रीन लगी थी। मूवी के बाद मिमिकरी के माध्यम से कलाकारों ने प्रसिद्ध बॉलीवुड स्टार्स पर चुटकुले सुनाए और फिल्मों के बारे में प्रश्न पूछे। सही जवाब देने पर एक टोपी, पेन या मारुति के 'लोगो' वाले छोटे-मोटे उपहार दिए।

दिखाई गई फिल्म की कहानी बड़ी सीधी-सादी थी। एक सामान्य ग्रामीण अपने मित्र के आकर्षक हुनर के आगे झुकने के लिए विवश था। उसके पास वैगनार कार थी। अंत में दूसरे मित्र ने भी कार खरीद ली। इस कहानी का प्लॉट भी सीधा-सादा था। सभी

पात्र परिचित-से लग रहे थे। वे सब सामान्य किसान और उनके बेटे थे।

इससे पूर्व अनेक मार्केटर्स के राडार पर ग्रामीण बाजार नहीं था। लेकिन आटो उद्योग अब राष्ट्रीय राजमार्ग पर गतिशील है, ताकि भीतरी भू-भागों के उपमार्गों का भी अपनी ओर ध्यान आकर्षित किया जा सके। आज 65 प्रतिशत उपभोक्ता ग्रामीण बाजार से जुड़े हैं तथा उनकी उच्च आकांक्षाएँ हैं, जिनके बारे में वे खुलकर बात नहीं करते। ये मार्केटर्स इन ग्रामीणों की आकांक्षाओं की आग में घी का काम करते हैं, जिससे आखिरकार बिक्री में बढ़ोतरी होती है।

यहाँ मूलतः यह कहना है कि ग्रामीण और शहरी दोनों मार्केट की आकांक्षाएँ समान हैं। ब्रिटिश राजनेता जॉन मार्ले के अनुसार—"आप भावनाओं का प्रदर्शन नहीं कर सकते, न ही इसे सिद्ध कर सकते हैं।" बाजार को ग्रामीण लोक जीवन की आकांक्षाओं को समझना है। ग्रामीण अपनी आकांक्षाओं को व्यक्त करने से झेंपते हैं; जबकि शहरी जीवन तड़क-भड़क, शान-शौकत में विश्वास रखता है और स्वयं पर इतराता है। अब यह मार्केटर्स पर निर्भर करता है कि वे ग्रामीण बाजार की दबी हुई उच्च आकांक्षाओं को कैसे उभारते हैं? लाभ उठाते हैं?

□

निस्स्वार्थ प्रेम

मैं लगातार मृत्यु को देख रहा था। पिछले पाँच दशकों में हर दस वर्ष बाद मेरी गोद में मेरा प्यारा डॉगी कुत्ता मृत्यु के आँचल में समाता जा रहा था। उनकी अंतिम यात्रा पर जाने से पहले मैं उनके सिर पर हाथ फेरता। इससे पहले कि उनकी आँखें हमेशा के लिए बंद हों, मैं उनकी नम आँखों को देखता रहता।

मोती, सीजू, कुंजु, दादा और स्नोई—सभी मेरी गोद में सिर रखकर इस दुनिया से चले गए। मैं उन पाँच क्रूर रातों को आज भी याद करता हूँ। वे रातें मेरे जीवन का बेहतरीन हिस्सा छीनकर ले गईं। अंत में सीजू की मृत्यु खासतौर पर दिल दहला देनेवाली थी। वह सारी रात आँखें नहीं मूँद पाया और पलक भी नहीं झपका सका। वह इतना कमजोर हो गया था कि हिल भी नहीं सका। उसने एक माह से कुछ भी नहीं खाया था, इसलिए उसकी सारी शक्ति खत्म हो चुकी थी।

दो बजे सीजू ने कै कर दी। वह मेरी ओर ऐसे देख रहा था, मानो मुझसे आखिरी बार विदा ले रहा हो। मैंने उसे पानी पिलाने की कोशिश की, लेकिन वह एक बूँद भी नहीं निगल पाया। मैं जानता था कि उसकी अंतिम घड़ी आ चुकी है। तीन घंटे बाद वह अंतिम घड़ी भी आ गई। मेरी पत्नी ने उसके मुँह में थोड़ा सा गंगा जल डाला तथा इलेक्ट्रिक श्मशान-घाट में ले जाने से पहले उसके लिए प्रार्थना की।

प्रबंधन गुरु होने के नाते मैं हमेशा इस बात का समर्थन करता था कि सभी व्यक्तिनिष्ठ चीजों को मापा जा सकता है। मैं तर्क देता और जीत जाता। लेकिन मैं हमेशा तब नाकाम रहता, जब शर्त में बँधे बिना कुत्ते के निस्स्वार्थ प्रेम का मापन करना होता था, जो अपने मालिक के प्रति वफादार होते हैं। मैं नहीं जानता कि सीजू का दुम हिलाकर प्यार की अभिव्यक्ति को कैसे मापा जाए। मैं हमेशा उन लमहों को याद करता हूँ, जब मैं काम से या किसी टूर से घर लौटता था तो कैसे वह मेरे पैरों में लिपट जाता था। मैं यह भी याद रखूँगा कि कैसे वह मेरा सूटकेस सूँघता था, मानो वह कुछ पाना चाहता हो। मुझे यह भी याद आएगी कि यदि मैं किसी दूसरे कुत्ते को प्यार करता था तो

कैसे वह ईर्ष्या भाव से मुझे घूरता था। कुत्ते अपने मालिक के प्रति इतना ज्यादा जुड़ाव रखते हैं कि नहीं चाहते कि उनका मालिक किसी और से प्यार करे, कोई और उनका प्यार बाँटे। भले ही वे कॉलोनी के आवारा कुत्तों से अपना खाना बाँट लें।

जब कभी मैं कोलाबारी डी की तरह गुस्से में लड़ते लोगों को देखता हूँ, जब लोग एक-दूसरे का गला काटने पर उतारू हो जाते हैं तो मैं यह महसूस करता हूँ कि किसी दिन मैं उन्हें बताऊँगा कि प्यार क्या होता है। बिना शर्त, निस्स्वार्थ के क्या मायने हैं? हो सकता है कि खून के प्यासे इनसानों की बजाय इन कुत्तों से ही कुछ सीखें। फ्रांसीसी राजनेता चार्ल्स डि गाले के विचार में, "मैं जितना अधिक लोगों के बारे में जानता हूँ, मुझे उतना अधिक कुत्तों से प्यार होता जाता है।"

□

बच्चों को पैसे की कद्र करना सिखाएँ

ऐसी दो घटनाएँ हैं, जो बार-बार मेरे मस्तिष्क में घूमती रहती हैं। पहली घटना कुछ वर्ष पहले घटित हुई थी। मैं मुंबई में एक रेस्तराँ में खड़ा था, तभी मैंने एक समृद्ध महिला को 11 वर्ष के एक बच्चे पर चीखते सुना। उस बच्चे ने जन्मदिन की पार्टी में ज्यादा पैसा खर्च कर दिया था। मैंने अपने कानों से यह सुना कि उस बच्चे को अपने प्रत्येक साथी को 150 रुपए का 'पीजा' खिलाना था। बच्चों की संख्या 10 थी। इस तरह से माँ ने उसे 1,500 रुपए दिए थे।

रेस्तराँ में पहुँचने पर बच्चे 'कॉम्बो' ऑफर के लालच में आ गए। उसमें 'पीजा' के साथ एक कोला और एक गार्लिक ब्रेड भी मिल रही थी। इस तरह से बिल की कुल रकम 2,000 रुपए तक पहुँच गई। जब बच्चे के पास पैसे कम पड़ गए तो उसे माँ की मदद लेनी पड़ी। अब वही उसे इस मुसीबत से बाहर निकाल सकती थी। जब उससे पूछा गया कि उसने इतनी रकम क्यों खर्च कर दी तो बच्चे ने जवाब दिया कि 150 रुपए की बजाय 200 रुपए खर्च करके उसने अधिक आनंद उठाया है, साथ ही पैसे की अधिक कीमत वसूल की है। लड़का पैसे की फिजूलखर्ची से अनजान था और उसकी माँ उसे यही समझाने की कोशिश कर रही थी।

अब, दूसरी घटना। 40 वर्ष पहले कुछ ऐसा ही मेरे साथ घटित हुआ था। मेरी माँ ने मुझे 5 पैसे का सिक्का दिया (आप में से अनेक लोगों ने तो वह सिक्का देखा भी नहीं होगा)। मैं मैरी-गो-राउंड पर झूलना चाहता था। इस पर 3 पैसे देने पड़ते थे। उस झूले के मालिक ने मुझे 2 पैसे में एक बार और झुलाने का लालच दिया। मैंने बड़े गर्व से यह डिस्काउंट स्वीकार कर लिया, क्योंकि मैं सोच रहा था, मैंने एक पैसा कम देकर झूले का अधिक आनंद उठाया है। घर लौटने पर मुझे अनुमति लिये बिना पैसा खर्च करने पर माँ का कोपभाजन बनना पड़ा।

उस दिन मुझे बहुत बुरा लग रहा था। लेकिन आज जब मैं पीछे मुड़कर देखता हूँ तो महसूस करता हूँ कि उस गुस्से ने मुझे 'खरीदारी के बारे में फैसला लेने' का पाठ

सिखाया है। पैसा बचाना या प्रबंधन एक हुनर है, जो अनुभव से ही सिखाया जाता है। यह महत्त्वपूर्ण है कि बच्चे पैसे की कद्र करना सीखें तथा जीवन में इसकी भूमिका या महत्त्व जानें। कभी भी पैसा कमाने से पहले खर्च न करें। अमेरिका के राष्ट्रपिता थॉमस जेफरसन के शब्दों में—''यदि बच्चों को पैसे का आदर करना नहीं सिखाया जाता तो वे एक दिन जरूर पछताएँगे।''

इसलिए, समय रहते माँ-बाप को इस पर सोचना होगा कि वे एक पैसा बचाने का महत्त्व बच्चे को समझाएँ। थोड़ी-बहुत मौज-मस्ती में कोई नुकसान नहीं है, लेकिन पैसे की भी सीमाएँ हैं। जो लोग इस रहस्य को जान पाते हैं, वे सुखी हैं।

□

दृष्टि सीमा से परे भी देखें

सन् 2012 में जम्मू की यात्रा के दौरान जम्मू व कश्मीर के डी.जी.पी. अशोक भान ने आतंकवाद का मुकाबला करने का असाधारण तरीका बताया। उन्होंने बताया कि हम अभी तक आतंकवादियों के मर्म तक प्रहार नहीं कर पाए हैं। उन्होंने आतंकवाद का विरोध करने के लिए सर्वाधिक संवेदनशील क्षेत्र की दृष्टि से सबसे ज्यादा महत्त्वपूर्ण 'फंडे' बताया। उन्होंने हवाला, छीना-झपटी, नकली मुद्रा, स्वैच्छिक अंशदान, घुसपैठ, गलत तरीकों से पैसा आना जैसे उदाहरण दिए। यदि हम इस नकद प्रवाह को रोकने के लिए कड़े कदम उठाते हैं तो आतंकवादियों को साँस लेने के लिए ऑक्सीजन नहीं मिलेगी। इस तरह से हम अपना लक्ष्य साध सकते हैं।

एक अन्य घटना मुझे आज तक याद है। दो एजेंसियों ने 10वीं कक्षा की परीक्षा देनेवाले 300 विद्यार्थियों के लिए मनोमिति (साइकोमीट्रिक) टेस्ट बेचने के लिए तीन महीने तक स्कूल के प्रिंसिपल के ऑफिस के कई चक्कर लगाए। फिर वे मेरे पास आए और पूछा कि प्रिंसिपल को ब्यूरोक्रेटिक स्थिति से कैसे बाहर निकाला जाए। मैंने उन्हें सलाह दी कि उन्हें ट्यूशन पढ़ानेवालों या कोचिंग सेंटर में जाना चाहिए। उनका बच्चों पर बेहतर प्रभाव पड़ेगा, क्योंकि माँ-बाप सोचते हैं कि इतनी अवधि के लिए 40,000 रुपए प्रतिवर्ष चार्ज करनेवाले कोचिंग सेंटर 5,000 रुपए चार्ज करनेवाले स्कूलों से बेहतर हैं। एजेंसी कोचिंग कक्षाओं में गईं तथा सभी विद्यार्थियों ने दो सप्ताह में साइकोमीट्रिक टेस्ट के लिए अपना नाम लिखवा दिया।

मेरी कॉलोनी में कुछ लोगों ने एक बार मुझे बताया था कि इस क्षेत्र में बिल्लियाँ बहुत तंग करती हैं। पूरे इलाके में गोल-मटोल बिल्ले-बिल्लियाँ घूमते हैं। मैंने उन्हें बताया कि वे पूरी कॉलोनी के ड्रेनेज सिस्टम की जाँच कराएँ और हमें आश्चर्य हुआ कि 15 वर्ष पुरानी ड्रेनेज प्रणाली बुरी तरह से क्षत-विक्षत हो चुकी है, क्योंकि निर्माण के समय लगातार उस पर ट्रकों की आवाजाही लगी रहती है। इससे चूहों की तादाद में बढ़ोतरी हो गई है। इस तरह, बिल्लियों की हर समय दावत रहती है, क्योंकि उन्हें चूहों

का ताजा मांस खाने को मिलता है। इसलिए वे खा-खाकर मोटी हो गई हैं।

मैंने यहाँ तीन घटनाओं का जिक्र किया है, ताकि दिखाई पड़ रही चीजों से परे देखने का नजरिया विकसित हो सके। अधिकांश समय हमारा मस्तिष्क हालात के मुताबिक काम करता है, जिससे हम दूर की नहीं सोच सकते। हम मानने लगते हैं कि चीजें बहुत ज्यादा जटिल हैं और हम अनावश्यक रूप से विचारों के भूतों के शिकार हो जाते हैं, उनके शिकंजे में फँस जाते हैं।

उपन्यासकार आर्थर कोनन डोयले के शब्दों में—''स्पष्टता दृष्टिगोचर तथ्य से अधिक अन्य कोई वस्तु भ्रामक नहीं होती।'' हम यह महसूस नहीं करते कि अनेक जटिल समस्याओं का समाधान हमें एक बार में दिखाई नहीं देता। इसलिए जो दिखाई देता है, दृश्यमान है, उससे परे देखने के लिए अपना मन-मस्तिष्क साधें।

□

साथी हाथ बढ़ाना

कुछ वर्ष पहले की बात है। मेरे एक मित्र ने बातचीत के दौरान सभी स्थितियों के लोगों को एक ही लाठी से हाँक दिया था। मैं बात करते-करते चुप हो गया। उन्हें डॉक्टरों की पूरी बिरादरी पर गुस्सा आ रहा था, क्योंकि प्रख्यात कार्डियोलॉजिस्ट ने उनके 80 वर्ष के पिताजी के साथ कटु व्यवहार किया था। उसके स्वर में कटुता व निंदा का पुट था। उसने अमेरिकी राजनेता बेंजामिन फ्रेंकलिन को उद्धृत किया। उनके शब्दों में—"इलाज ईश्वर करता है और फीस डॉक्टर लेता है।" निश्चित रूप में—जब आपके किसी प्रियजन के साथ उचित बरताव नहीं होता, खास तौर पर जब डॉक्टर ऐसा करते हैं, तब आप आहत होते हैं। लेकिन हर समय ऐसी फब्तियाँ कसना भी सही नहीं होता। अपने इस विचार को सिद्ध करने के लिए मैं डॉक्टर के दो उदाहरण देता हूँ। आशा है कि इनसे मेरी बात स्पष्ट और प्रमाणित होगी।

पहले उदाहरण में—मैं समाचार-पत्र में छपे लेख का उल्लेख करना चाहता हूँ। उसमें बताया गया था कि थाइलैंड के विश्व-विख्यात सर्जन डॉ. विसाक चो-ति-वत्लांग मुंबई में 10 वर्ष की एक लड़की के जन्मजात रोग का इलाज करने के लिए हवाई यात्रा से के.ई.एन. अस्पताल में आए। उन्होंने एक भी पैसा नहीं लिया। परमार्थ भावना से कर्म करनेवाले उस डॉक्टर का यह तर्काधार था—इस लड़की की उम्र 10 वर्ष है, लेकिन यदि उसे बचा लिया जाता है तो यह 80 वर्ष तक जीवन का आनंद उठा सकती है।

दूसरा उदाहरण—हित किशोर ढेंगुला की उम्र 94 वर्ष थी। उन्हें सुनने में दिक्कत आ रही थी। वे इंदौर के डॉ. सी.वी. स्वामी श्रीधर के पास इलाज करवाने आए। डॉ. श्रीधर ने अपने असिस्टेंट को हिदायत दी कि इस मरीज की फीस लौटा दी जाए, क्योंकि 90 वर्ष तथा इससे अधिक उम्र के मरीजों से कोई फीस नहीं लेते। इन्होंने भारी कटौती करके ढेंगुला को सुनने की मशीन दी।

दोनों उदाहरणों से मैंने अपने मित्र को समझाया कि समाज में अभी भी कुछ ऐसे चौंकानेवाले श्रेष्ठ लोगों के उदाहरण हैं, जो अभी भी अपनी सामाजिक जिम्मेदारी

समझते हैं और उन्हें यह एहसास है कि जिस समाज ने उन्हें इतना सम्मान दिया, शोहरत बख्शी है, उस समाज का उन्हें ऋण चुकाना है। श्रीधर के मामले में चौंकानेवाली बात यह है कि वे उन 90 वर्ष की उम्र के पड़ाव पर जी रहे बुजुर्गों के प्रति उदार थे, जिनकी अधिकांशतः उपेक्षा की जाती है। बचपन के साथ वृद्धावस्था का भी सम्मान करना बिरले ही दिखाई देता है। इंदौर के इस डॉक्टर ने यह करके दिखाया है।

अधिक बड़े कैनवास पर यही तर्क देते हुए क्या हम सबको इन दो डॉक्टरों से प्रेरणा नहीं लेनी चाहिए? क्या हम सभी के लिए यह लाजिमी नहीं है कि हम उन लोगों की भरसक मदद करें, जिनके पास बुनियादी सुविधाएँ भी नहीं हैं? सामाजिक एक्टिविस्ट एलिजाबेथ केडी स्टंटन ने कहा है—"मेरे विचार में, सबसे ज्यादा सुखी व्यक्ति वही है, जो अपनी आत्मा या स्वयं के बारे में चिंता नहीं करते, बल्कि दूसरों के कष्ट दूर करने का भरपूर प्रयास करते है।"

जरा सोचें—हमें अधिक आगे बढ़ने की जरूरत नहीं है। यदि हममें से प्रत्येक व्यक्ति एक फर्लांग या इससे भी कम सफर तय करता है तो मिलकर हम ऐसे लोगों के जीवन की गाड़ी एक समान व सपाट मार्ग पर ला सकते हैं, जो इस समय ऊबड़-खाबड़ रास्ते पर जा रहे हैं।

□

जीवन का आनंद उठाएँ

मुझे रेलवे यात्रा के दौरान दो घटनाओं की याद आती है। अधिकांश लोग स्वीकार करते हैं कि रेलगाड़ी का सफर कष्टदायी होता है। इस दौरान अप्रत्याशित मुसाफिरों से पाला पड़ता है। कुछ वर्ष पहले मैं हावड़ा से शांति निकेतन के रास्ते बोलपुर जा रहा था। उस लोकल गाड़ी में लोग लगभग 100 भेड़-बकरियों के साथ सफर कर रहे थे। शुरू में मैं हक्का-बक्का रह गया। बाद में मैंने यह सोच लिया कि चार टाँगवाले जानवरों के साथ सफर करना भी सुखकर होगा; लेकिन मितली भी आने को हो रही थी। ऐसे में मैंने अपनी गोद में एक छोटा सा मेमना बिठा लिया। पूरा सफर कहाँ बीता, पता ही नहीं चला। मैं सारे रास्ते उस मेमने के साथ खेलता रहा, प्यार-दुलार करता रहा।

इसके बाद सन् 1979 में मुझे कुछ अलग ही अनुभव मिला। मैं अपने दादा-दादी के अभिषेकम् समारोह (शादी की 80वीं वर्षगाँठ) से चेन्नई से मुंबई आ रहा था। हम सभी ने सोचा था कि वापसी में परिवार के 68 सदस्य एक ही डिब्बे में सफर करेंगे इससे 36 घंटे का हमारा सफर हँसी-खुशी कट जाएगा। जहाँ तक खाने-पीने का सवाल है, यह फैसला लिया गया कि फूड पैकेट की बजाय हर व्यंजन अलग-अलग प्लास्टिक की बालटी में रखा जाएगा, ताकि शादी-ब्याह की तरह दोपहर और रात के भोजन का आनंद लिया जा सके।

लेकिन ऐन वक्त पर हमारी योजना धराशायी हो गई, क्योंकि हमारा रिजर्व डिब्बा गाड़ी में नहीं लगा और 68 लोगों की वह फौज 18 अलग-अलग कंपार्टमेंट में बैठी। सभी लोगों को टॉयलेट के पास की 73 से 75 नंबर तक की सीटें मिलीं। बैठते ही मितली आने लगी। लेकिन हमें यह चिंता हो रही थी कि कई बालटियों में रखा भोजन 18 डिब्बों तक कैसे पहुँचाया जाएगा। उन दिनों रेलगाड़ियों में दो डिब्बों के बीच रास्ता (Vestibules) नहीं होता था। इसलिए दही व चावल की बालटियाँ उठाए सदस्यों के पास अचार नहीं पहुँच सकता था और जिसके पास साँभर था, वे पापड़ का स्वाद नहीं चख सकते थे। इस तरह से छोटे-बड़े बच्चे इधर-उधर किसी घुड़दौड़ की तरह भाग

रहे थे। वे हर स्टेशन पर नीचे उतरते, आपस में बालटियाँ बदलते। बेशक हमें भोजन मिला, लेकिन ठंडा और किस्तों में; पापड़ तो प्लास्टिक जैसे हो गए थे।

प्रत्येक व्यक्ति रेलवे मास्टर की हेरा-फेरी को कोस रहा था। बाढ़ में अब अजीबो-गरीब घटना सदा के लिए स्मरणीय घटना बन गई।

मुझे याद है कि मैंने प्रख्यात स्तंभ लेखक खुशवंत सिंह का लेख पढ़ा था। उसमें उन्होंने लिखा था—"आज लोग हँसना भूल गए हैं। हम कठिन दौर से गुजर रहे हैं।" अमेरिकी लेखक अर्नेस्ट हेमिंग्वे ने कहा था—"यह विचित्र बात है कि हमें ऐसे जीवन में भी हँसने के कुछ पल मिल जाते हैं।" वही व्यक्ति सबसे ज्यादा सुखी है, जो रोजमर्रा की जटिल दिनचर्या में भी हँस सकता है। हर समय आप आशावादी नहीं हो सकते, लेकिन चिड़चिड़े लमहों में से हँसी या खुशी ढूँढ़ने से जीवन की जटिलताएँ चुभन कम हो जाती है।

□

खर्चे नोट करके जेब-खर्च बचाएँ

यह सुनने में नामुमकिन-सा लगता है, लेकिन तमिलनाडु के सालेम में योग शिक्षक ने छह माह के भीतर अपने विद्यार्थियों का जेब खर्च 50 प्रतिशत कम कर दिया। इस तथ्य को नकारने से पूर्व मुझे विस्तार बताने दें। शिक्षक के. गणपति ने पहले विद्यार्थियों को कहा कि वे माह में जेब-खर्च से किए जानेवाले खर्च लिख लें। बाद में उन्होंने कहा कि वे अलग-अलग चीजों पर किए गए खर्च के एक-एक पैसे का हिसाब लगाएँ और बताएँ। उसने कभी भी यह नहीं कहा कि उन्हें कहाँ खर्च करना है।

हर विद्यार्थी ने उनकी हिदायत मानी। दो माह तक बही खाता रखने की कारवाई जारी रही। 60 दिन के भीतर हिसाब-किताब के बाद वे शिक्षक के पास आए। उन्होंने किसी-न-किसी वजह से पैसे खर्च किए। कुछ ने चॉकलेट, बिस्कुट, स्नैक, कोल्ड ड्रिंक तथा फिल्मों पर खर्च किया। जबकि कुछ विद्यार्थियों ने 75 प्रतिशत रकम चॉकलेट पर खर्च की। कुछ ने जंक फूड पर पैसे खर्च किए (जिसके बिना वे आसानी से जी सकते थे)।

गणपति ने बारीकी से हिसाब लगाया तथा प्रत्येक व्यय-चार्ट का पॉप (Pop) तथा मॉम (Mom) विश्लेषण किया। प्रबंधन में 'उत्पाद-वार उत्पाद' विश्लेषण 'पॉप' कहलाता है तथा माह वार माह 'मॉम' कहलाता है। दोनों विश्लेषणों के बाद गणपति ने दिखाया कि प्रतिमाह एक मद पर वे कितना खर्च कर रहे हैं। उसने उन्हें 12 माह तक किसी मद पर किया जानेवाला खर्च भी दिखाया।

बही खाता रखने की इस तकनीक से विद्यार्थी हैरान थे। वे अब तक यह नहीं सोच रहे थे कि वे वास्तव में कितना पैसा खर्च कर रहे हैं। जान गए कि उनका पैसा कहाँ खर्च होता है। अगले दो माह में उन्होंने फिजूल खर्च छोड़कर पैसा जमा किया। वस्तुतः उन्होंने इतना पैसा बचा लिया कि उनमें से कुछ लोग महीने के अंत में माँ-बाप को उधार भी देने लगे। कुछ ने चार माह के अंत में साइकिल खरीदी।

"यह सब वित्तीय दृष्टि से अनुशासन बरतने के कारण हुआ।" गर्व से गणपति

ने बताया। अभिनेता विल स्मिथ के अनुसार—''अनेक लोग पैसा कमाने से पहले ही दूसरों पर रोब झाड़ने, उन्हें प्रभावित करने के लिए पैसा खर्च कर देते हैं।'' जब भी हम इस बारे में सोचते हैं, उनके ये शब्द कानों में गूँजते हैं। खर्च करना आसान है, बचत करना बहुत मुश्किल है। हमेशा हमें यह बात ध्यान में रखनी है। वास्तव में, प्रत्येक कार्य करते समय यह आदत बना लें। प्रबंधन की भाषा में, प्रत्येक खर्च का 'पी.ओ.पी.' तथा 'एस.ओ.एस.' विश्लेषण करें। जब आपके सामने आँकड़े होंगे, तभी कुछ सुधार होगा। □

लघुता में ही प्रभुता

मुझे एक कहानी आज भी याद है। अंग्रेज उद्योगपति तथा वर्जिन ग्रुप के संस्थापक रिचर्ड ब्रेंसन दक्षिण अफ्रीका की यात्रा पर थे, तब कुछ अधेड़ उम्र की महिलाएँ उनके पास आईं और उनसे पैसे उधार माँगे, ताकि वे सिलाई मशीन खरीद सकें। ब्रेंसन उनके अनुरोध से प्रभावित हो गए तथा उन्होंने 300 डॉलर, भले ही उनके लिए खास महत्त्व न रखते हों, लेकिन उन महिलाओं को दिए। उस छोटी सी रकम से उन महिलाओं को काफी मदद मिल पाएगी।

तीन माह बाद वर्जिन ग्रुप के धर्मार्थ विंग 'वर्जिन यूनाइट' से सहायता प्राप्त सामाजिक या सामुदायिक परियोजनाओं का श्रीगणेश करने के लिए उसी स्थान पर ब्रेंसन को आमंत्रित किया गया। इस दौरान छह महिलाओं ने उत्तम कोटि की कपास/रुई के तकिए तथा आदिवासी लोगों द्वारा इस्तेमाल किए जानेवाले कपड़े उन्हें उपहार-स्वरूप दिए। वे सारे उपहार उन्होंने ब्रेंसन द्वारा दी गई आर्थिक सहायता से तैयार किए थे। अवाक् ब्रेंसन को इससे ज्यादा और कही संतुष्टि नहीं मिल सकती थी।

यदि संतुष्टि की बात की जाए तो मेरी पत्नी और मैं महाराष्ट्र में अमरावती की दो लड़कियों की शिक्षा में मदद कर रहे हैं। छः वर्षों से हम प्रतिवर्ष 6,000 रु. दे रहे थे। हर वर्ष हमें बदले में उनकी प्रगति-रिपोर्ट और हाल ही की तसवीरें मिलती हैं। तसवीरों में फलती-फूलती लड़कियों को देखकर तृप्ति मिलती है। इसे शब्दों में व्यक्त नहीं किया जा सकता। यदि कोई इस बारे में सोचे, कि हमने वास्तव में क्या किया है? तो साफ शब्दों में इसका जवाब है—"कुछ नहीं।" लेकिन इस टोकन रूप में की गई मदद से उन लड़कियों को अपने पैरों पर खड़े होने में मदद मिलती है। हो सकता है, आनेवाले कल में वे हमें याद भी न रखें, लेकिन हमारी स्मृति में वे हमेशा बनी रहेंगी।

अकसर हम परोपकारी कार्यों से यह कहकर बचते हैं कि केवल अमीर लोग ही किसी की मदद कर सकते हैं। यह गलत धारणा है। मैं अमीर नहीं हूँ, फिर भी मैंने कुछ बचाया। मैं दोहराता हूँ, अपने रोजमर्रा के खर्चों में से कुछ बचाता हूँ और मदद करता

हूँ। केवल मैं ही ऐसा नहीं करता, आप भी ऐसा कर सकते हैं। यदि सब मिलकर थोड़ा-थोड़ा भी कुछ करते हैं तो एक-एक बूँद से सागर भर जाता है। हम सभी कुछ खास कर सकते हैं। हमारे योगदान से कई लोगों को प्रेरणा मिल सकती है। किसी को प्रेरित करना कभी छोटा कार्य नहीं होता। किसी को प्रेरित करना भी अपना महत्त्व रखता है। इससे मुझे 'द मर्चेंट ऑफ वेनिस' में शेक्सपियर के ये शब्द याद आते हैं—"छोटी सी मोमबत्ती अपने चारों ओर किरणें बिखेर देती है। उसी तरह से छोटा सा नेक कार्य करने से दुनिया का भला होता है।"

थोड़ा सा दान करके अनेक लोगों के जीवन में आनंद लाना, जीवन का मार्ग सुकर बनाना पुण्य कार्य है। यह बहुत आसान व मामूली कार्य है, बशर्ते हमारे मन में ऐसा करने की शक्ति हो। मैं यहाँ आपको यह नहीं कहना चाहता कि थोड़ी सी रकम से भी लोगों की कठिनाइयाँ दूर हो सकती हैं। एक बार मदर टेरेसा ने कहा था कि "इनसान होने के नाते हम बहुत कुछ कर सकते हैं, छोटी-छोटी चीजें, छोटे-छोटे काम, प्यार से।"

□

निस्स्वार्थ सेवा का आनंद

यहाँ मैं जुगराज सिंह गिल और गुरदेव कौर दंपती के बारे में बताना चाहता हूँ। ये दोनों पंजाब के मालवा क्षेत्र में मोगा के दस सर्वाधिक धनी परिवारों में से एक परिवार से जुड़े हैं। सन् 1970 के दशक के आरंभ में दोनों विधायक थे और अन्य सरकारी ओहदों पर भी आसीन थे। उनके दो बेटे थे—एक बेटा एयरफोर्स में पायलट था, दूसरा कॉलेज का होनहार छात्र था। दौलत और ताकत से घिरे होने के बावजूद पति-पत्नी दयालु व कोमल हृदयवाले थे। वे घमंड व अभिमान से दूर हर परिचित के साथ अदब से पेश आते थे, यहाँ तक कि अपने नौकरों को भी परिवार का हिस्सा मानते थे। फिर भी उनका जीवन कठोर धरातल पर गुजर रहा था।

सन् 1970 के दशक के आरंभ में घटित त्रासदी ने उनका जीवन तहस-नहस कर दिया था। उनके दोनों बच्चे बहुत कम अंतराल पर उन्हें छोड़कर इस दुनिया से चल बसे थे। उनका संसार, सपने सब चकनाचूर हो गए।

मुझे जुगराज के ये शब्द आज भी याद हैं—''हम निराशा के अंधे कुएँ में चले गए थे। तभी गुरदेव ने सुझाया कि हमें अपने बेटों के प्यार को दुबारा जीवित करना है। इसके लिए हमें उन लोगों तक पहुँचना है, जो दुखी हैं।''

इस दंपती ने कई एकड़ खेती की जमीन बेचकर खरड़ टाउनशिप के पास चंडीगढ़-लुधियाना रोड पर 25 एकड़ जमीन खरीदकर इमारतें बनवाईं। वहाँ बुजुर्ग लोगों के लिए आधुनिक वृद्धाश्रम बनाया गया है। उसका नाम 'माता गुर की सुख निवास' रखा। इस संस्था के तमाम खर्चे इस दंपती द्वारा तैयार किए कोष से पूरा किया जाता है। उनका यह मानना है कि इस आश्रम के 200 लोगों के साथ दुःख बाँटकर वे अपना दुःख कम कर सकते हैं।

''अपनी निजी क्षति की पीड़ा सहने का सर्वोत्तम मार्ग यही है कि दूसरों के दुःख बाँटें।'' जुगराज ने कहा। उनके शब्द आज भी मेरे कानों में गूँजते हैं।

हॉलीवुड क्लासिक 'रॉकी' में रॉकी बलबोआ ने कहा है कि—''सच्चा प्यार

वही है, जब आप निस्स्वार्थ होते हैं। आप किसी से लेते नहीं, बल्कि देते हैं।'' यदि आप बड़े-बड़े खोखले दावों से स्वयं को अलग रखना चाहते हैं तो आप कथनी को करनी में बदलें। इससे भी ज्यादा यदि निजी क्षति व दुःख के परिणामस्वरूप आप में निष्काम सेवाभाव उत्पन्न होता है तो वह व्यक्ति अपने साथ घटित त्रासदी में से खुशी के कुछ पल बिखेरता है। इसी ओर संकेत करते हुए शेक्सपियर ने कहा था—''आत्मवंचन का कोया (कोकून)।''

जब कोई व्यक्ति कष्ट में हो और हम उसके प्रति उदार हैं तो हमारे भीतर ही संवेग उत्पन्न होते हैं। इसी क्षण हमें कर्म करना चाहिए, अन्यथा ये लमहे एक कौंध के साथ जाने देना चाहिए, बल्कि औरों के लिए कुछ करना चाहिए। हमें कर्म करना है, अभी नहीं तो कभी नहीं।

□

देखें, परखें, समझें

पुरानी कहावत है—'अंधों के बीच काना राजा।' यह कहावत सर्वत्र व्यापी सत्य के रूप में स्वीकार की गई है। फिर भी इसकी उपेक्षा की जाती है। आखिरकार, क्या अधिकांश लोगों के पास दो आँखें नहीं हैं? यह कहावत इस बारे में ठीक नहीं है कि आपके पास आँखें हैं या नहीं अथवा आपकी दृष्टि तेज है या नहीं; बल्कि इस ओर संकेत किया गया है कि आप इस उपहार का किस तरह इस्तेमाल करते हैं। हम सभी में यह प्रवृत्ति होती है कि हम इंद्रियों से ग्रहण की गई जानकारी की अनजाने में उपेक्षा करते हैं।

और हमें इस बारे में लगातार सतर्क रहने की जरूरत है, अन्यथा हम सभी पुराने जमाने के या फैशन के रोबोट बन जाएँगे, जिनमें सभी लाइटें चमकती हैं, कौंधती हैं, चेतावनी के बजर बजते हैं तथा जैसे ही हम 'ओवरलोड' चिल्लाते हैं, हमारे कानों में से धुआँ निकलने लगता है। फिर भी, दुर्भाग्यवश हमसे महत्त्वपूर्ण यथेष्ट ज्ञान छूट जाता है। उदाहरण के लिए, दिनोंदिन अधिक जटिल होते काम के माहौल से हम चकरा जाते हैं, जहाँ पर राजनीति और अन्य क्षेत्र में होड़ लगी हस्तियाँ सक्रिय हैं। हमारी कैसी भी भूमिका रही हो, हम व्यस्त हो जाते हैं और हमारे पास टिककर बैठने तथा ध्यान देने का समय ही नहीं होता। जो ऐसा करते हैं, वे अधिक कामयाबी हासिल कर जाते हैं।

गौर से देखने व परखने के अनेक लाभ हैं। उदाहरण के लिए, इससे मित्र एवं शत्रु, बॉस एवं स्टाफ को बेहतर ढंग से समझने में मदद मिलती है। यह प्रवृत्ति निर्णय लेने में सहायक होती है। लोगों को प्रभावित करने में सहायता मिलती है तथा समस्या सुलझाने के तरीके ढूँढ़ने में मदद मिलती है। जॉनथन स्विफ्ट ने कहा है—"कल्पना ऐसी चीजों को देखने की कला है, जो अन्य लोगों को दिखाई नहीं देती। और ऐसा क्यों है कि हमारे सामने रखी चीजें हमें दिखाई नहीं देतीं?" शायद इसकी वजह अमेरिकी दार्शनिक रॉल्फ वाल्डो एमरसन के अनुसार यह है—"लोगों को वही दिखाई देता है, जो वे देखना चाहते हैं।" या अंग्रेज बैंकर जॉन लुबोक के अनुसार—"हम जो कुछ

देखते हैं, वह इस पर निर्भर करता है कि हम क्या ढूँढ़ते हैं।''

स्पष्ट शब्दों में अवलोकन की आदत डालना मुश्किल नहीं है। वास्तव में, हमें फोकस करने तथा अभ्यास करने की इच्छा-शक्ति की जरूरत है। उदाहरण के लिए, मीटिंग में चौकस होकर बैठे लोगों के व्यवहार और प्रतिक्रियाओं पर ध्यान दें। इससे आपको ऐसे सदस्यों के साथ बेहतर ढंग से व्यवहार करने में मदद मिलेगी, जो अगाड़ी हैं, अकुशल हैं। इसलिए आँखों पर पट्टी बाँधकर न बैठें। देखें कि आपके चारों ओर क्या हो रहा है। अभी शुरुआत करें। आप यह जानकर हैरान रह जाएँगे कि यह आदत आपके लिए कितनी और कैसे सहायक होगी।

□

छोटे कदम : कितने मददगार

मैं हमेशा भीड़ में किसी ऐसे चेहरे की तलाश में रहता हूँ, जो स्वावलंबी हो, सरल हो; क्योंकि ऐसे व्यक्ति का अधिक गहरा प्रभाव पड़ता है। मुझे कुछ वर्ष पहले घटित एक घटना याद है, जब मैं 23 वर्षीय एक प्रसन्नचित्त व्यक्ति से मिला था। उसका नाम नंदन पांड्या था। मुंबई वासी उस युवक के पास मोटा व भारी-भरकम पर्स नहीं था। लेकिन थोड़े से पैसों से वह स्लीपर खरीदकर सड़क पर नंगे पैर चलनेवाले हजारों लोगों की मदद कर चुका था।

वह पिछले नौ माह से ऐसा कर रहा था। अजनबी लोगों को 150 से भी ज्यादा स्लिपर दे चुका था। पांड्या ने कहा, ''इस दुनिया में अनेक धनाढ्य व्यक्ति हैं, जो अपने पैसे का दान-पुण्य का प्रदर्शन करते हैं, ताकि वे लोगों की नजरों में चढ़ सकें। लेकिन यदि आप थोड़ा सा आगे नहीं बढ़ते तो अच्छे कपड़ों और भोजन का क्या फायदा? आप बस, अपनी रोजमर्रा की जरूरतें ही पूरी करते हैं। नंगे पैर चलना कष्टदायक होता है। क्या आप नंगे पैर चलनेवाले लोगों की मदद के लिए थोड़े से पैसे नहीं निकाल सकते?''

तनावपूर्ण घटनाएँ हमारे दैनिक जीवन को अस्त-व्यस्त कर देती हैं। विशेषज्ञ अनेक थेरैपी सुझाते हैं। मैं एक अधिक सरल थेरैपी बताना चाहता हूँ। दूसरों की मदद करने के लिए कुछ समय निकालें और महसूस करें कि इससे उन्हें कितना लाभ पहुँचेगा। एक बार किसी ने मुझे मैसाचुसेट्स यूनिवर्सिटी के मेडिकल स्कूल के रिसर्च प्रोफेसर कार्लिन श्वार्ज के बारे में बताया था, जिन्होंने अनेक कठिनाइयों से जूझ रहे रोगियों की बात सुनने के लिए प्रयोग किए। उनका मकसद अभावग्रस्त लोगों के साथ सहानुभूति के दो बोल बोलना था। थोड़ा सा समय देने के बदले में वह अपने जीवन के स्तर में आए सुधार के अनुभव करने लगी। उन्हें अस्त-व्यस्त, शोरगुल से भरे माहौल में मन की शांति मिलने लगी।

हमें अपने चारों ओर ऐसे अनगिनत उदाहरण मिलेंगे, जहाँ पर हम थोड़ी सी मदद कर सकते हैं। लेकिन हम ऐसा नहीं करते। मेरे पत्रकार मित्र अजमेर सिंह हैं। कुछ

वर्ष पहले दिल्ली में समाचार-पत्र में काम करते समय एक वह ऑटो रिक्शा में सुंदर नगर से धौला कुआँ जा रहे थे। उन्होंने ड्राइवर को एक फैंसी सेल फोन पर बातचीत करते देखा, जिसकी कीमत लगभग 25,000 रुपए थी।

अजमेर को शक हुआ। उसने चुपचाप ऑटो का रजिस्ट्रेशन नंबर नोट किया तथा पास के पुलिस स्टेशन पर फोन करके पूछा कि क्या किसी ने सेल फोन खोने की शिकायत दर्ज की है। उसका शक सही निकला। असल में, नोएडा का व्यवसायी ऑटो में अपना मोबाइल भूल गया था और फिर उसे मिला ही नहीं। अजमेर सिंह द्वारा दिए गए कुछ लमहों के कारण उस व्यवसायी को अपना मोबाइल मिल गया।

उपन्यासकार चार्ल्स डिकेंस ने कहा है—"दूसरों की मदद करके वास्तव में हम अपनी मदद करते हैं।" इसीलिए अजमेर ने कहा था कि वह इसके बारे में किसी को न बताएँ। क्या हम सभी को अजमेर सिंह के पदचिह्नों पर नहीं चलना चाहिए?

□

राष्ट्र को जगानेवाले शब्द

हो सकता है, पाकिस्तान के पूर्व राष्ट्रपति परवेज मुशर्रफ कभी सर्वश्रेष्ठ लीडर न रहे हों, लेकिन एक बार उनके शब्दों ने लोगों पर, आम जनता पर जादू कर दिखाया था। सन् 2003-04 में इस देश की यात्रा के दौरान मैंने यह महसूस किया था, जब दो देशों के बीच क्रिकेट संबंध टूटने के पाँच वर्ष बाद भारतीय क्रिकेट टीम ने पाकिस्तान का दौरा किया था।

पाँच एक दिवसीय मैच तथा तीन टेस्ट मैच आरंभ होने से एक सप्ताह पहले मैंने पाकिस्तान में क्रिकेट के अधिकांश स्थलों का दौरा कर लिया था। वहाँ रुकने की अवधि के दौरान मेरी आँखें खुल गईं। भारतीय होने के नाते मुझसे कोई बातचीत करना नहीं चाहता था। मैं तब दंग रह गया, जब मुल्तान स्कूल के बच्चे ने पूछा कि भारत ने सन् 1947 में विभाजन की माँग क्यों रखी? जब मैंने उससे पूछा कि उसे किसने यह सब बताया है, तो उसने इतिहास की पुस्तकों में दी गई जानकारी होने का दावा किया।

वह भाव-शून्य माहौल शीघ्र ही बदलने वाला था। जब भारतीय क्रिकेट टीम के सदस्य तथा दर्शक वहाँ पहुँचे, तब उस दिन पाकिस्तान के राष्ट्रपति परवेज मुशर्रफ ने टेलीविजन पर राष्ट्र को संबोधित किया। उस प्रभावशाली भाषण में उन्होंने कहा था कि क्रिकेट से भारतीयों एवं पाकिस्तानियों के बीच खड़ी मतभेदों की दीवार गिर सकती है और वे चाहते हैं कि हम उनको दिखा दें कि इसलाम मेहमाननवाजी क्या होती है और हम किसी भी भारतीय की तुलना में बेहतर ढंग से प्यार अभिव्यक्त कर सकते हैं।

उन शब्दों ने जादू का काम कर दिखाया। अगले 41 दिन हमारे लिए आनंद व उल्लास भरे थे। मैंने अनुभव किया कि किसी करिश्माई नेता द्वारा दिए भाषण जैसी एकमात्र प्रेरणा से प्यार और नफरत की भावना जाग्रत् की जा सकती है या भड़काई जा सकती है। मुशर्रफ ऐसे ही नेता हैं, जो अपने देशवासियों को भारतीयों का स्वागत करने के लिए प्रोत्साहित करने में कामयाब रहे। पाकिस्तान की जनता के व्यवहार में जमीन-आसमान का अंतर नजर आ रहा था। भारतीय खिलाड़ी ही नहीं, बल्कि सीमा पार से

आए दर्शकों का भी शाही आदर-सत्कार किया गया।

पाकिस्तानियों ने मुफ्त में कोल्ड ड्रिंक्स, स्नैक्स एवं फूल दिए। यहाँ तक कि ऑटो रिक्शा तथा साइकिल रिक्शा चलानेवालों ने भी भारतीयों से पैसे लेने से मना कर दिया। जब मंदिरा बेदी और मुरली कार्तिक के साथ मैं लाहौर में अनारकली बाजार में पंजाबी सूट खरीदने के लिए गया तो मुझे जिंदगी की बेहतरीन खरीदारी का अनुभव मिला। वह लंदन में हैरड्स की यात्रा से भी अधिक सुखद अनुभव था।

अमेरिकी लेखक जॉन सी. मैक्सवेल ने कहा है—"लोग विजन से पहले नेता या लीडर को स्वीकार करते हैं।" पाक राष्ट्रपति के राष्ट्र के नाम उस भाषण में भी ऐसी शक्ति थी, जिसने कुछ समय के लिए विभाजित राष्ट्र को एक कर दिया। वैमनस्य को आतिथ्य-सत्कार में बदल दिया। मैं यह सोचने के लिए विवश हो गया—'क्या हमारे नेता ऐसा प्रेरणादायी भाषण देने में सक्षम हैं?'

□

इनसानियत की खातिर

मैं फिल्म निर्माता स्टीवन स्पिलबर्ग की सन् 1998 में युद्ध की पृष्ठभूमि पर बनी 'सेविंग प्राइवेट रयान' फिल्म को नहीं भूल सकता हूँ, जिसमें राष्ट्र के रूप में अमेरिका ऐसी माँ को सलामी देता है, जिसने द्वितीय विश्व युद्ध में अपने तीनों बेटे खो दिए थे। उनमें से सबसे छोटा बेटा पैरा ट्रपर जेम्स रयान की खोज में समूचा देश लग गया था, जो ड्यूटी के दौरान नार्मेंडी में कहीं खो गया था।

देश लौटने पर मुझे कुछ वर्ष पहले एक लेख पढ़कर सुखद आश्चर्य हुआ। कर्मचारी भविष्य निधि की सुस्त कार्य-निष्पादन की छवि बनी हुई है। लेकिन यहाँ का एक कर्मचारी जबलपुर में किसी शोक-संतप्त महिला का दुःख कम करने के लिए सामने आया।

दुर्भाग्यवश, बिजली का करंट लगने से 35 वर्षीय स्कूल टीचर नरेंद्र शुक्ल तथा उसकी 55 वर्षीय माँ की जान चली गई थी। इस दुर्घटना पर स्थानीय ई.पी.एफ. अनुभाग अधिकारी शिवेंद्र कपाड़िया का ध्यान आकर्षित हुआ। वे उसी दिन शुक्ल के घर गए, जहाँ गम का माहौल छाया हुआ था। लोग अंतिम संस्कार के लिए शवों को ले जाने वाले थे। कपाड़िया ने धीरज से सभी औपचारिकताएँ पूरी होने की प्रतीक्षा की, फिर शुक्लजी की विधवा चेतना को अपना परिचय दिया और फॉर्म भरने के लिए राजी किया।

ऐसे मोड़ पर तीव्र गति से पी.एफ. खाते के निपटान में दो अड़चनें थीं—एक, चेतना का कोई बैंक खाता नहीं था और दूसरे, उसके पास मृत्यु प्रमाण-पत्र नहीं था। सबसे पहले कपाड़िया ने चेतना के नाम बैंक खाता खुलवाया। फिर शुक्लजी की मृत्यु की अखबार में दी गई खबर की क्लिपिंग लगाई तथा पी.एफ. राशि का चेक लेकर अगले ही दिन चेतना के खाते में डाल दिया। फिर चेतना से पावती भी मिल गई।

भगवान् बुद्ध ने कहा है—''जिस प्रकार से पृथ्वी अपने भंडार उजागर करती है, उसी प्रकार से नेक कर्मों से अच्छाई दिखाई देती है तथा शुद्ध व शांत मस्तिष्क से बुद्धि

का प्रकाश फैलता है।" जीवन की भूल-भुलैया की मशाल दोनों की जरूरत है। कपाड़िया मृतक को नहीं जानता था। लाखों पंजीकृत ई.पी.एफ. ग्राहकों में से एक वह ग्राहक था। एक व्यक्ति के बलबूते पर निराशा में डूबे परिवार को उस समय तिनके का सहारा मिला, जब व्यक्ति को तत्काल पैसे की जरूरत थी। ऐसी खूबी हमें मानवता के बंधन में बाँधती है। क्या हमें उसके पद-चिह्नों पर नहीं चलना चाहिए? इनसानियत की खातिर।

□

छोटी-से-छोटी बात पर भी ध्यान दें

कई वर्ष पूर्व मेरे पिताजी के हृदय के बाईं ओर तकलीफ हुई और उन्हें अस्पताल में भरती कराना पड़ा। जब तकलीफ बढ़ने लगी थी, मैंने अपने एक साथी से फोन पर बात की और स्थानीय अस्पताल का नंबर पूछा। मुझे सात अंकों के तीन नंबर मिले। हम सभी जातने हैं कि सात अंकों के नंबर अब गुजरे जमाने की बात हो गई है। हमें आगे '2' का अंक लगाना पड़ता है। अब आप कहेंगे, यह तो मामूली गलती है। इसका बतंगड़ बनाने की क्या जरूरत है? मैं भी इससे राजी हूँ कि इस जरा सी गलती पर व्यक्ति पूरा भाषण दे सकता है।

मैं यह कहना चाहता हूँ कि विभिन्न कार्यस्थलों पर नजर डालें तो यही लगेगा कि सतर्क एवं अनुशासनबद्ध होकर कार्य करने का माहौल तेजी से खत्म होता जा रहा है। यदि कार्य करना ईश्वर की पूजा है तो अब यह पूजा भी यांत्रिक हो गई है। मुझे प्रेरणादायी वक्ता एवं लेखक गैरी श्यानब्लेयर के शब्द याद हैं। उन्होंने लिखा था—"अनुशासन रखते हुए कार्य करना छोटी-छोटी बातों पर बारीकी से बरती जानेवाली सतर्कता पर निर्भर करता है। परस्पर आदर एवं विश्वास पर अनुशासनबद्ध कार्य टिका है। अनुशासन की भावना इतनी गहरी होनी चाहिए कि यह हमारी आदत बन जाए।"

अपने 35 वर्ष के कैरियर में मैंने यह सीखा है कि हर छोटी-मोटी बात पर ध्यान देने से असाधारण परिणाम सामने आते हैं। इससे कार्य के प्रति आपका समर्पण भाव या निष्ठा ही उजागर नहीं होती, बल्कि इससे पता चलता है कि आप किस प्रकार के व्यक्ति हैं। सतर्क व्यक्ति इसकी कभी इजाजत नहीं देता कि चीजों को हलके स्तर पर लिया जाए। ऐसा व्यक्ति अपने निजी जीवन में भी भरोसेमंद होता है। कार्य-निष्पादन में बरती गई सावधानी एवं सरोकार की भावना से व्यक्ति की अनावृत्ति एवं सोच का पता चलता है।

अब कल्पना करें, यदि मैं सात अंकों का नंबर देनेवाले साथी से बात करता तो वह भी मुँहतोड़ जवाब देता। बेशक, यह तो जाहिर है। क्या आप इतना सा भी नहीं

समझते। यह भी कोई पूछने की बात है। दरअसल, वह मुझे एहसास दिलाता कि मैं मंद बुद्धि हूँ। असल में वह यह चूक कर गया कि किसी प्रोफेशन में सटीकता का महत्त्व होता है। यह अपेक्षा की जाती है कि व्यक्ति '2' का अंक बताना भी न भूले। यह हमारी प्रोफेशनल निष्ठा है। आप जानते हैं कि कार्यस्थल पर अनुशासनप्रिय बनने में एक ही बाधा होती है, वह है हमारा अहं। यहाँ तक कि यदि व्यक्ति को अपनी कार्यशैली में सुधार लाने के लिए कहा जाए तो वह उसे अपना अपमान समझता है। यदि हम ईमानदार हैं तो इसका अनुभव भी कर चुके होंगे। सही?

मैं यह मानता हूँ कि संपूर्णता अगम्य लक्ष्य है। लेकिन प्रयास के दौरान व्यक्ति को इतना अनुशासनबद्ध होना होगा कि जीवन को शक्ति मिले। इसलिए अपने भीतर अनुशासन लाएँ, सतर्क बनें और लोगों का दिल जीतें।

□

भावी पीढ़ी की खातिर संगीत विरासत

कुछ वर्ष पहले यह घटना घटित हुई थी। कोलकाता में एक कंसर्ट में सितारवादक पं. रविशंकर का सितार-वादन चल रहा था। एक समाचार-पत्र के रिपोर्टर ने पूछा कि कहीं पश्चिमी संगीत भारतीय शास्त्रीय संगीत पर छा तो नहीं जाएगा?

''कभी नहीं।'' पंडितजी ने कहा, ''भारतीय शास्त्रीय संगीत की जड़ें इतनी गहराई तक जमी हुई हैं कि इन्हें उखाड़ पाना असंभव है।'' उन्होंने सितार वादिका अपनी बेटी अनुष्का का हाथ पकड़ते हुए अपनी बात जारी रखी, ''दूसरे, हमारे जैसे न जाने कितने लोग हैं, जहाँ संगीत की परंपरा बरकरार है और इसे आनेवाली पीढ़ी तक हमेशा पहुँचाया जाता रहेगा।''

गुरु-शिष्य परंपरा की भारतीय संस्कृति को सँजोकर रखने से पश्चिम से प्रेरित संस्कृति से अभिभूत पीढ़ी के हाथों भी श्रेष्ठ संगीत फलता-फूलता रहा है। हमारे देश में माँ-बाप व बच्चे दोनों पीढ़ियाँ संगीत के क्षेत्र से जुड़ी हैं और वे संगीत का अभ्यास कर रही हैं। ए. नारायण अय्यर की बेटी तथा टी.एन. कृष्णन की बहन वायलिन वादिका एन. राजम ने कहा है कि उनकी बेटी संगीता उनसे बेहतर ढंग से वायलिन बजाती है।

''मेरे पिताजी उस्ताद अल्ला रक्खा खाँ के अनेक शिष्य हैं।'' प्रख्यात संगीतज्ञ ताफीक कुरैशी ने मुझे बताया था—''लेकिन गुरु-शिष्य परंपरा में हम जितना उनसे सीख सकते हैं और कोई नहीं सीख सकता।'' तबला वादक उस्ताद जाकिर हुसैन, फजल कुरैशी तथा ताफीक कुरैशी—इन तीनों ने स्वयं को योग्य पिता की योग्य संतान के रूप में सिद्ध किया है। ये 'त्रि-संगीतज्ञ' भारतीय संगीत परंपरा की समृद्धि को आगे बढ़ा रहे हैं। संतूरवादक पं. शिव कुमार शर्मा तथा राहुल, मोहन वीणा वादक पं. विश्व भट्ट तथा सलिल, स्वर्गीय पं. भीमसेन जोशी और श्रीनिवास ने भारतीय संगीत का प्रतिनिधित्व किया है; लेकिन ऐसे कुछ ही उदाहरण हैं, जहाँ संगीत की विरासत आनेवाली पीढ़ी तक पहुँची है।

मैं बॉलीवुड की संगीतकार पिता-पुत्र की जोड़ी सचिन देव बर्मन तथा राहुल

देव बर्मन 'पंचमदा' का उदाहरण देना चाहूँगा। सचिन की हिंदी फिल्म जगत् पर सन् 1960 तथा 1970 के दशकों में धाक जमी थी। जब पंचमदा ने अपने पिता से यह बागडोर सँभाली, तब लोगों ने पूछा कि क्या वह पिता के कौशल की बराबरी कर सकते हैं? यह उल्लेख करने की जरूरत नहीं है कि पंचमदा ने पूर्व और पश्चिम का संगम करते हुए हिंदी फिल्म संगीत को नए मुक़ाम पर पहुँचाया। पिता-पुत्र की जोड़ी अक्षत रूप में संगीत परंपरा को आनेवाली पीढ़ी तक पहुँचाने का अनूठा उदाहरण है।

एक प्रख्यात कहावत है—"संगीत जीवन भर के लिए यथेष्ट है, लेकिन जीवन संगीत के लिए यथेष्ट नहीं है।" इसलिए यदि आप चाहते हैं कि आपकी कला जीवित रहे तो आपको किसी अन्य ऐसे व्यक्ति का अभिषेक करना होगा, जो उसे और आगे ले जा सके—भावी पीढ़ियों की खातिर।

□

शुभकामनाएँ

वर्ष 2010 में किसी अनजान व्यक्ति से मुझे शुभकामनाएँ मिलीं, जिससे मेरी आँखें खुल गईं तथा समझ में आ गया कि शब्दों को क्रिया का पुरोगामी क्यों कहा जाता है—चाहे नकारात्मक हो या सकारात्मक। नियमित रूप से मैं अपने घर के पास की गली या लेन में अपने कुत्ते के साथ जा रहा था। पिक्सी फरे का गोल-मटोल बंडल लग रहा था। तभी मेरे पड़ोसी बड़े से अल्सेशियन कुत्ते के साथ मेरे रास्ते से गुजरे और बोल उठे, "आपको पता है, आपका यह छोटा सा कुत्ता रोज अपनी बालकनी से मेरा अभिवादन करता है, मानो वह एक कप कॉफी के लिए मेरे यहाँ आना चाहता है। क्यों न किसी दिन हम मिलकर कॉफी पिएँ? मैं आपकी बिल्डिंग से अगली बिल्डिंग में रहता हूँ।" मिस्टर 'एक्स' ने जाते समय मुसकराते हुए ये शब्द कहे।

उसके बाद मुझे मि. एक्स के यहाँ जाने का मौका नहीं मिला। मैं उनका नाम नहीं जानता था। फिर भी बड़े आदर से मैंने उन्हें मि. एक्स के नाम से बुलाया। लेकिन उनके शब्दों की दिल-दिमाग पर अमिट छाप पड़ गई। कुछ शब्द, लेकिन उनसे दो अजनबी लोगों के बीच तत्क्षण संबंध स्थापित हो गया। उन शब्दों से वह मेरे इतने नजदीक आ गए कि ऐसा लगता है मानो मैं उन्हें युगों से जानता हूँ। मुझे आयरिश नाटककार जॉर्ज बर्नार्ड शॉ के शब्द आज भी याद हैं। उन्होंने मुसकराहट की तुलना डाक-टिकट से की थी, जो आप तक कुछ पहुँचाती है और आपको बंद डाक खोलनी है। यह शब्दों की व्याख्या है और हमें मुख से निकले शब्दों पर ध्यान देना होता है।

कुछ वर्ष पहले मेरी दादी माँ ने मुझे एक कहानी सुनाई थी। दो बच्चे पेड़ पर खेल रहे थे, तभी मौसम खराब हो गया। एक बच्चे की माँ चिल्लाई, "बेटे, डाल को कसकर पकड़ लो, ताकि नीचे न गिर जाओ।" पहला बच्चा तेज हवा का झोंका झेल नहीं पाया और नीचे गिर गया। दूसरा बच्चा 45 मिनट तक डाल पकड़े रहा, जब तक तूफान थम नहीं गया। जिस तरीके से माँ बोली थी, सोच में कितना फर्क था। पहले बच्चे ने नकारात्मक सुर सुना, जबकि दूसरे बच्चे की माँ ने आश्वस्त करते हुए शब्द

कहे थे। उन शब्दों से उसे ताकत मिली थी।

सी.बी.आई. के पूर्व निदेशक जोगिंदर सिंह ने अपनी पुस्तक में लिखा है कि "आप हर समय सकारात्मक नहीं सोचते, न ही हमेशा नकारात्मक विचार मौजूद रह सकते हैं। लेकिन व्यक्ति को निरंतर ईमानदारी से नकारात्मक सोच दबाने की कोशिश करनी चाहिए तथा वक्ता के मुंह के हाव-भाव पर ध्यान देना चाहिए।" ब्रिटेन के पूर्व प्रधानमंत्री, विंस्टन चर्चिल ने कहा था, "अव्यक्त या अनकहे कटु शब्दों को निगलकर किसी व्यक्ति का हाजमा कमजोर नहीं होता।"

याद रखें, यदि कटु शब्द लोगों को अलग कर देते हैं तो मधुर शब्द उनके बीच की दूरियाँ कम कर देते हैं।

□

विश्वास बनाए रखें, लेकिन संजीदगी से

एक बार मेरी माँ ने एक टीचर की कहानी सुनाई थी। वह टीचर क्लास के सामने किसी छात्र के परिवार की तसवीर पेश कर रही थी। अनजाने में यह भूल गई कि वे पहली क्लास के बच्चे हैं। एक छात्र ने सलाह दी कि ऐसा लगता है कि इस तसवीर में दिखाया गया लड़का इस परिवार में नहीं जनमा, क्योंकि उसके बालों का रंग पूरे परिवार से अलग है।

टीचर ने उस बच्चे से पूछा, ''क्या तुम्हारे माँ-बाप ने तुम्हें गोद लिया था?''

वह बच्चा 'गोद लेने' शब्द के मायने नहीं जानता था। उसने पूछा कि इसका क्या मतलब है। उसी क्षण टीचर ने सारी स्थिति सँभाली और साथ ही इसके पीछे की सच्चाई के अंजाम को भी समझ लिया कि इससे बच्चा आहत हो सकता है। उसने समझाया, ''गोद लेने का मतलब है कि आप मम्मी के पेट में नहीं, बल्कि दिल में बड़े हुए हैं।''

लड़के की आँखों में चमक आ गई।

मुझे ऐसी ही एक अन्य घटना याद है। दूसरी कक्षा का एक छात्र किसी बड़े स्कूल में पढ़ता था। उसे शारीरिक बाधा का सामना करना पड़ा तथा वह बड़ी बेसब्री से वार्षिक नाटक प्रतियोगिता का इंतजार कर रहा था। उसका भोलापन शारीरिक बाधा नहीं समझ पा रहा था। वह अपने टीचर्स को एवं माँ-बाप को यही बताता रहा कि वह भी कुछ कर सकता है। उन्हें उसपर गर्व होगा। हरेक व्यक्ति इस असमंजस में पड़ गया था कि उसे 'ना' कैसे कहें। क्लास टीचर नाटक मंडली की घोषणा को आगे टालती रही थी। तभी एक दिन उसके दिमाग में नया विचार कौंधा।

उसी दिन नाटक के पात्रों की भूमिका तय कर दी गई। स्कूल की छुट्टी होने पर उस बच्चे की माँ उसे स्कूल से लिवाने आई। बच्चा माँ की ओर भागता हुआ आया। उसकी आँखों में उत्साह और गर्व की चमक थी। वह चिल्लाया, ''मॉम, अंदाजा लगाएँ, आज क्या हुआ?'' और फिर उसके बाद कहे गए शब्दों से प्रत्येक व्यक्ति की

आँखें खुल जाती हैं।

"मुझे ताली बजानी है और सभी का हौसला बढ़ाना है। टीचर ने बताया है कि यह रोल भी बाकी पात्रों की तरह ही खास है, शायद उससे भी ज्यादा; क्योंकि यदि तारीफ करनेवाला दर्शक न हो तो नाटक किस काम का।"

माँ की आँखों में आँसू आ गए। वह सब समझ गई।

"आत्मा की मुक्ति का एकमात्र मार्ग सत्य है।" यह सदियों से चली आ रही कहावत है। सत्य की शक्ति से ही व्यक्ति प्रबुद्ध तथा मुक्त होता है। फिर भी, वाणी से इसे व्यक्त करना कितना कठिन होता है। यह दुःख पहुँचाता है, मन को झुलसाता है। यह ऐसा चाबुक है, जो शरीर पर ही नहीं, हड्डियों पर भी अपने निशान छोड़ देता है।

जॉर्ज इलियट ने कहा है, "सच बोलना कितना कठिन है! उससे भी ज्यादा ऐसी मनभायी बात कहना, जो सच से कोसों दूर है।"

फिर भी, आश्चर्य नहीं कि हम सभी मानते हैं कि जब बच्चे को इसका सामना करना पड़ता है, जिसकी उसके मन पर अमिट छाप पड़ती है तो हमें हलके ढंग से कोई कार्य नहीं लेना चाहिए। हो सकता है कि आप मीठी-मीठी बातों के जरिए सच न बोल सकें, लेकिन आप इस तरीके से व्यक्त कर सकते हैं कि सुननेवाले की आत्मा पर बोझ ने पड़े, न मन में गाँठ पड़े।

□

अपने बच्चों को अपना दोस्त बनाएँ

अमीन सयानी के इंटरव्यू से मैं कई दशक पहले रेडियो सिलोन पर आनेवाली बिनाका गीत माला की यादों में खो गया। उस समय मैं एक विद्यार्थी था और दरवाजा बंद करके बहुत धीमी आवाज में छोटा सा ट्रांजिस्टर सुनता था। कार्यक्रम के प्रस्तुतकर्ता मधुर संगीत सुनाते थे। मैं वास्तव में पिताजी से बहुत डरता था। वे नहीं चाहते थे कि उनका बेटा संगीत के आरोह-अवरोह में ही खो जाए। उन दिनों सभी परिवारों में पिताजी का खौफ रहता था और पिता की इच्छाएँ ही बच्चे की नियति होती थीं। डर के मारे मैं अपने पिताजी से बात भी नहीं कर पाता था। मुझे सिर्फ उनकी इच्छा पूरी करनी थी।

तेजी से आगे बढ़ते आज के दौर में मुझे याद है कि मेरी बेटी ने मुझसे शिकायत की, "माँ अपने वायदे से मुकर गई हैं। मुझे डिनर पर बाहर नहीं ले जा रही हैं।"

"कोई बात नहीं, बेटे," मैंने उसे तसल्ली दी, "खुश हो जाओ, मैं तुम्हारे साथ डिनर पर जाऊँगा।"

माँ-बाप और बच्चे के संबंधों में जमीन-आसमान का अंतर आ चुका है। 'कोई सवाल नहीं' यह मनोवृत्ति बदल रही है, बीच की दूरियाँ कम होती जा रही हैं तथा पहले वर्जित माने जानेवाले विषयों पर हम दोस्तों की तरह चर्चा करते हैं। समय बदल चुका है, साथ ही संबंधों के पैरामीटर भी बदल गए हैं। स्पष्ट शब्दों में मैं अपनी बेटी को बाहर ले जाकर खुश था। इससे मुझे अपने रिश्ते को और मजबूत बनाने में मदद मिली, जो मेरे पिता नहीं कर पाए।

माँ-बाप और बच्चे के संबंध शून्य में नहीं पनपते। जिस तरह से विकसित होते हैं, उसी के अनुसार उसके स्वरूप पर असर पड़ता है। मार्क बार्नस्टीन ने 'हैंडबुक ऑफ पैरेंटिंग' में कहा है कि जन्म, वित्तीय और भावनात्मक दबाव, माँ-बाप, शिशु के स्वभाव तथा माँ-बाप के व्यक्तित्व का संबंधों पर प्रभाव पड़ता है तथा साथ ही बच्चे का विकास भी प्रभावित होता है। जब मैं अपनी बेटी को अपना 'फ्रैंड' कहता हूँ तो इसका

अर्थ यह नहीं कि संबंधों के स्तर में हलकापन आ जाता है। मैं केवल व्यावहारिक दृष्टिकोण से इस आवश्यकता पर बल देने की कोशिश कर रहा हूँ कि मैं अधिक स्वस्थ संबंध बनाने में मदद करना चाहता हूँ। इससे बच्चे माँ-बाप की पतवार बनते हैं। अंततः 'आई लव यू' जैसे शब्द भी जादू का काम करते हैं।

''कितना अच्छा लगता है, जब एक पिता अपने बच्चे के साथ बैठता है। ऐसा लगता है, मानो कोई बुजुर्ग ओक के पेड़ की छाया में लेटा हो, उसका सहारा ले रहा हो, जो उसने खुद लगाया था।'' फ्रांसीसी लेखक वाल्टेयर। अच्छे ढंग से समय बिताकर हम संबंधों में अधिक जीवंतता ला सकते हैं। बच्चे के विचारों, दृष्टि-कोण को जगह देकर हम अपने बंधन और अधिक मजबूत बना पाएँगे। सबसे ऊपर याद रखें कि सभी संबंधों का आधार विश्वास होता है। इसलिए स्वतंत्र, सरल तथा उदार माहौल को बढ़ावा दें, जहाँ गलतफहमी पर खुलकर चर्चा हो, न कि उसे दबाया जाए। जब हम बच्चों की बात करते हैं, तब अपने मन या सोच की भी बात करते हैं। एक गलत स्ट्रॉक से रिश्ता या जीवन की धारा बिगड़ सकती है। जबकि धैर्य और निरंतर मार्गदर्शन से रिश्तों में जीवन-शक्ति का संचार होता है।

□

खुद करें और जानें

मेरा बचपन नागपुर की गलियों में बीता है। यहाँ की यादें हमेशा के लिए मेरे जीवन का हिस्सा बन चुकी हैं। मैं रोजाना सुबह 6:30 बजे 40-45 घरों में 'नागपुर टाइम्स' या 'हितवाद' अखबार बाँटता था। अखबार बेचनेवाले ने बता रखा था कि 'एक शिकायत मिलने पर 20 पैसे काटे जाएँगे।' सन् 1975 में मैं दसवीं कक्षा का छात्र था। अपनी पॉकेट मनी कमाने के लिए अखबार बाँटता था। यह काम इतना आसान भी नहीं था। मुझे तुनकमिजाजवाले भिन्न-भिन्न स्वभाववाले लोगों को शांत करना पड़ता था, समझाना पड़ता था। चिड़चिड़े 80 वर्ष के बुजुर्ग 6 बजे से ऊपर एक मिनट की देरी भी बरदाश्त नहीं कर पाते थे। दूसरे सज्जन हर दूसरे दिन अपना अखबार बदल लेते थे। रिटायर्ड फौजी कभी भी यह नहीं मानते थे कि महीने के तीसों दिन अखबार मिला है।

लेकिन मैं अपने माँ-बाप का शुक्रगुजार हूँ, जिन्होंने मुझे यह सीख दी कि मैं अपनी पॉकेट मनी खुद कमाऊँ। मैं लगभग 60 रुपए कमाता था। एस.एस.सी. की परीक्षा की तैयारी शुरू करने से पहले मैंने 6 महीने तक यह काम किया था। लगभग 40 वर्ष बीत चुके हैं। मैं जब अपने अतीत में झाँकता हूँ तो मुझे अपने पिताजी के ये शब्द याद आते हैं—'बेटे, कोई भी काम छोटा या बड़ा नहीं होता। इस बात का फर्क करते समय आपने क्या सीखा है। ऐसे लोगों की बातों पर ध्यान न दें, जो यह कहते हैं कि आप कितना छोटा काम कर रहे हैं। इससे आपकी साख या प्रतिष्ठा गिरती है। याद रखें, किसी भी काम से आपकी प्रतिष्ठा नहीं गिरती है; बल्कि काम न करने से इनसान की साख गिरती है।'

मेरे पिताजी रेलवे में प्रथम श्रेणी के अधिकारी थे। वे मेरे मन मुताबिक अच्छी-खासी पॉकेट मनी दे सकते थे। मेरी बहन और मैं जो चाहते, चुटकियों में पा सकते थे। फिर भी, मेरे पिताजी के विचार भिन्न थे। 1970 के दशक में सब काम बड़े आराम से कम खर्च में हो जाते थे। लेकिन मेरे पिताजी निकट भविष्य के संघर्ष शील समय को देख रहे थे, जिसके अंकुर वर्तमान में फूट रहे थे। वे जानते थे कि जब तक मैं बड़ा

होऊँगा, हालात बदल जाएँगे। आनेवाला समय और अधिक कठोर होता चला जाएगा। इसलिए उन्होंने मुझे जितना अधिक स्वावलंबी बनाया, आज मैं उतने ज्यादा सफलता के फल चख रहा हूँ।

"आज से 20 वर्ष बाद आप बदलते हालात देखकर अधिक निराश हो जाएँगे; क्योंकि आप आज जो कर सकते हैं, वह कल नहीं कर पाएँगे। इसलिए बेकार के फंदों को फेंक दें। सुरक्षित बंदरगाह से आगे आकर नाव चलाएँ। चलती हवाओं पर काबू पाएँ। पता लगाएँ, सपने देखें, खोजें।"—अमेरिकी लेखक, मार्क ट्वेन।

प्रत्येक काम हमें अप्रत्याशित शक्तियों का सामना करना सिखाता है, तैयार करता है। जीवन की शुरुआत में अपने बलबूते पर काम करके व्यक्ति कठिन दौर से गुजरना सीखता है। कवच के भीतर पलनेवाला व्यक्ति जीवन के थपेड़े नहीं सह पाता। यह कहावत याद रखें—'कठोर परिस्थितियों को कठोर ही झेल पाता है।'

□

ग्राहक पिता-तुल्य होता है

क्या आपको 'सारांश' फिल्म में कलाकार अनुपम खेर द्वारा निभाया गया रोल याद है? उसमें उन्होंने बेटे की असामयिक मृत्यु हो जाने पर पूरी तरह से टूट चुके पिता की भूमिका निभाई है। उस फिल्म में खेर का चरित्र ऐसे सरकारी अधिकारी का सामना करता है, जो उसे विदेश से आनेवाले 'सामान' की प्रतीक्षा में बैठे लोगों की कतार में अपनी बारी का इंतजार करने के लिए कहता है; जबकि वह पात्र दलील देता है कि उसे तो बस अपने मृतक बेटे की अस्थियाँ लेनी हैं।

मैं एम.एस. श्रीवास्तव को जानता हूँ। वे उज्जैन में भारतीय स्टेट बैंक के रिटायर्ड कर्मचारी हैं। उन्होंने भी 'सारांश' के वृद्ध पिता जैसे हालात झेले हैं। उनके बेटे ने सात वर्ष पहले सोनी एरिक्सन मोबाइल खरीदा था। वे फोन की बैटरी बदलना चाहते थे। उनके लिए वह हैंड सेट अनमोल था। वह उनके बेटे की आखिरी निशानी थी। एक दुर्घटना में इस बच्चे की जान चली गई थी। श्रीवास्तव के दो बेटियाँ और एक बेटा था। जून 2003 में उनकी बेटी ने अपने छोटे भाई को वह मोबाइल हैंडसेट उपहार में दिया था। इसी दौरान, शादी के बाद सूरत में रह रही श्रीवास्तव की बेटी ने जुलाई 2004 में अपने भाई-बहनों को घर में बुलाया, साथ में श्रीवास्तव का भतीजा भी था।

अपने दामाद के साथ वे पिकनिक मनाने सुवाली बीच पर गए। दुर्भाग्य वश चारों बच्चे डूब गए, सिर्फ उनके दामाद को हेलीकॉप्टर से बचा लिया गया था। तबाह हो चुके श्रीवास्तव सिर्फ उस मोबाइल के साथ लौटे। जब कभी फोन बजता, उन्हें ऐसा लगता था मानो उनके बच्चे ने फोन किया है। तब से श्रीवास्तव उस मोबाइल का इस्तेमाल करने लगे थे। लेकिन कुछ दिनों बाद बैटरी बदलने की जरूरत पड़ गई। वह उसकी खोज में लग गए।

कंपनी ने उस मॉडल के हैंडसेट बनाने बंद कर दिए थे, इसलिए बैटरी नहीं मिल पा रही थी। लेकिन श्रीवास्तव उस मोबाइल को छोड़ना नहीं चाहते थे, क्योंकि उसके साथ उनकी भावनाएँ जुड़ी थीं। उन्होंने कंपनी के सर्विस सेंटर से संपर्क किया, लेकिन

नई बैटरी नहीं मिली। फिर भी उन्होंने आस नहीं छोड़ी।

अंततः उन्होंने आखिरी बार कोशिश की और फर्म के प्रेसीडेंट बर्ट नॉर्डबर्ग को अमेरिका में इ-मेल भेजी। उसमें उन्होंने अपने बच्चों के साथ अपने अटूट संबंध की मार्मिक कहानी लिखी, जो अब इस दुनिया में नहीं रहे। कुछ दिनों बाद इंडियन ऑपरेशन के हेड ने उन्हें सूचित किया तथा साथ ही ग्राहक संबंध विभाग को लिखा कि कंपनी विश्व स्तर पर उस बैटरी को ढूँढ़ रही है और जल्दी ही मिल जाएगी। एक हफ्ते बाद श्रीवास्तव को जानकारी मिली कि वह बैटरी सिंगापुर में है। कुछ दिनों बाद उनके घर के पते पर वह बैटरी कूरियर द्वारा भिजवा दी गई। फर्म के प्रेसीडेंट ने मेल भेजने के बाद 22 दिनों के भीतर बैटरी बदल दी।

"ऐसी कितनी ग्लोबल कंपनियाँ हैं, जो अपने ग्राहकों और उनकी भावनाओं की कद्र करती हैं? केवल अधिकारी वर्ग के प्रति विनम्रता या उनकी अधीनता ही सबकुछ नहीं है; बल्कि प्यार और आदर पर संसार टिका है।" कनाडा के लेखक डब्ल्यू. पॉल यंग। क्या कंपनियाँ सुन रही हैं? इस पर ध्यान दे रही हैं?

□

भिखारी भी मँजे कलाकार होते हैं

बंगलुरु में यात्रा के दौरान मैं शानदार कब्बन पार्क के सामने लेवल रोड पर गेस्ट हाउस में ठहरा था। मैंने यह तय कर लिया था कि पार्क में संगीत भरे रविवार को मिस नहीं करूँगा। भव्य शानदार खुले स्थान के बीचोबीच दाईं ओर कुछ कलाकारों का समूह रविवार को सुबह 6 बजे संगीत कार्यक्रम के लिए आता है। यह शो लगभग दो घंटे चलता है। इसके बाद साइबर सिटी के जॉगर्स उनका हौसला बढ़ाते हैं, तालियों की गड़गड़ाहट से हरा-भरा व शांत वातावरण गुंजायमान हो जाता है।

लेकिन हर बार इस कार्यक्रम के समापन पर जब श्रोतागण बाहर आने लगते हैं, तब भिखारियों की 'काँ-काँ' में सारा आनंद गायब हो जाता है। मित्रों, ऐसा लगता है, मानो इस पार्क में सभी आगंतुकों के आनंद भरे क्षणों में मक्खी गिर गई हो। असामयिक इस रुकावट से हैरानी होती है और सोचने पर मन मजबूर हो जाता है कि इन भिखारियों को कोई रोजगार नहीं मिल सकता है? क्या उनके जीविकोपार्जन में मदद की जा सकती है?

मुंबई में एयरपोर्ट के पास भीख माँगने की इजाजत नहीं है। यदि कोई इस नियम को तोड़ता है तो फिर पुलिस के डंडे की मार झेलनी पड़ती है। हम ऐसे घुमक्कड़ लोगों की पहचान करके, उनकी क्षमताओं के अनुरूप प्रशिक्षण देकर उन्हें गली-गली में कला-प्रदर्शक के रूप में तैयार नहीं कर सकते हैं? दुनिया भर के विरासत विशेषज्ञ तथा टाउन प्लानर इन बेघर लोगों को गलियों में वाद्य यंत्र बजाने या कला-प्रदर्शन करने में प्रशिक्षण दे चुके हैं। खासतौर पर यह स्थिति उन शहरों के लिए सही है, जहाँ ऐतिहासिक इमारतें व स्मारक हैं। छोटे-मोटे नुक्ते सिखाकर, सार्वजनिक क्षेत्र में वाद्य यंत्र बजाकर गरिमामय जीवन बिताते हैं। ऐसे कार्य कुछ भी हो सकते हैं, जिनसे पर्यटकों का मनोरंजन हो सकता है।

इन्हें थिएटर, जिम्नास्टिक, पशुओं के करतब, कार्ड ट्रिक, मसखरी, बाजीगरी, नृत्य तथा जादूगरी के ट्रिक्स या हुनर सिखाए जा सकते हैं। संगीत, कठपुतली, सपेरों के

करतब जैसी अन्य कलाओं में भी कॉरपोरेट ग्रुप प्रशिक्षण कार्यक्रम प्रायोजित कर रहे हैं। प्राग में चार्ल्स ब्रिज या पेरिस में एफिल टावर के पास, सामान्य वाद्य यंत्रों को नए ढंग से बजाया जाता है। एंप्लीफायर से लगे साधारण आई पॉड से ऑर्केस्ट्रा-जैमिंग का प्रभाव उत्पन्न किया जाता है। इस एक ही वाद्य यंत्र से कलाकार बखूबी प्रदर्शन करता है।

अमेरिका में यात्री और पर्यटक अकसर ऐसे कलाकारों को पहचान सकते हैं। सब-वे, स्टेशन तथा सैदूल-पार्क जैसे गार्डन में ऐसे प्रदर्शन किए जा सकते हैं। एक प्राचीन चीनी कहावत है—"बच्चे नकलची होते हैं, इसलिए उन्हें नकल करने के लिए कुछ भी विषय दिया जा सकता है।" भारत के आई.टी. हब बंगलुरु में भी केस स्टडी की जा सकती है तथा यहाँ भी गलियों में कला-प्रदर्शन किए जा सकते हैं। अधिकांश बच्चे भीख माँगते हैं। वे आसानी से यह रोजगार अपना सकते हैं। सर्वाधिक जरूरी है कि वे आत्म-सम्मान पा सकते हैं। पूरे बंगलुरु में नहीं तो कम-से-कम लालबाग व कब्बन पार्क में यह प्रयोग किया जा सकता है।

□

बड़ी सोच

मेरी बेटी मार्शल आर्ट मूवी की जबरदस्त प्रशंसक है। एक बार उसने मुझे सन् 1978 में हॉलीवुड मूवी '36 चैंबर ऑफ शेयलिन' देखने के लिए बहुत ज्यादा आग्रह किया। हालाँकि उग्र रूप में हाथ-पैर पटकने के दृश्य मुझे बहुत ज्यादा लुभा नहीं पाए, लेकिन मेरा मन उस मूवी का एक दृश्य देखकर विचलित हो उठा। गार्डन ली द्वारा अभिनीत नायक शेयलिन मंदिर में हाल ही में नियुक्त किया जाता है। जब सारी दुनिया सो रही होती है, उस समय कुंग-फू आर्ट पर महारत हासिल करने के लिए वह रात भर अभ्यास करता है। जल्दी ही वह अपने साथियों को हराकर विजेता के रूप में उभरता है। उसे देखकर मुझे एथलीट मिल्खा सिंह की याद आ गई।

अगले दिन मैंने अपनी बेटी से कहा, "क्या तुम जानती हो कि श्रेष्ठ खिलाड़ी बनने से पहले मिल्खा सिंह एक्सपर्ट कुक थे?"

उसने चौंककर देखा। मैंने उसे बताया कि किस तरह मकसद हासिल करने के लिए दृढ़तापूर्वक अभ्यास करके कुक मिल्खा सिंह सर्वश्रेष्ठ एथलीट बन गए और 'फ्लाइंग सिक्ख' का खिताब हासिल किया।

अनगिनत चेहरों में से मिल्खा सिंह भी ऐसे व्यक्ति थे, जिन्होंने भारत विभाजन के कभी न भरनेवाले जख्म झेले थे। लायलपुर (पाकिस्तान) में जनमे मिल्खा सिंह भी इस भयानक त्रासदी में अपने माँ-बाप खो चुके थे। वह ट्रेन से भारत आ रहे थे, तब अपने परिवार की लाशों में छिपकर वे सुरक्षित यहाँ पहुँचे। वे आर्मी में रसोइए का काम करने लगे। लेकिन उनका मन केवल जवानों के लिए नाश्ते में दलिया बनाने तक से संतुष्ट नहीं था। वे सुबह-सुबह जवानों को दौड़ लगाते, जॉगिंग करते देखते रहते और खुद से कहते, 'लेकिन मैं इनसे ज्यादा तेज दौड़ सकता हूँ। मुझमें इनसे ज्यादा ताकत है। मैं क्यों नहीं दौड़ सकता?' तब उनके दिमाग में यह विचार आया कि क्यों न रात में दौड़ लगाई जाए, जब सब लोग सो रहे होंगे? उन्हें आशंका थी कि कहीं कोई उन्हें देख न ले, इसलिए वे रात भर तेज और तेज दौड़ते रहते।

एक दिन वे पकड़े गए। मेजर ने कहा, "अरं, इतनी तेज दौड़नेवाला कुक? ओ.के., कल से तुम मेरे लड़कों के साथ दौड़ लगाओगे।"

आर्मी के अधिकारियों ने अगली सुबह देखा कि मिल्खा सिंह ने जब राउंड पूरा किया, तब प्रशिक्षित जवान आधा राउंड ही लगा पाए थे। ऐसा लग रहा था, मानो उसके पैरों में पहिए लगे हैं। उनकी प्रतिभा को पहचाना गया, तब तक तराशा गया, जब तक वे पूरी तरह से एथलीट बनकर नहीं उभरे। शेष कहानी आप जानते हैं। हालाँकि सन् 1960 में दक्षिण अफ्रीका के मेल्कॉम स्पेंस में खेले गए ओलंपिक खेलों में वे 400 मी. दौड़ में 0.1 सेकंड से पिछड़ गए थे, जिसमें कांस्य पदक मिलते-मिलते रह गया, फिर भी राष्ट्रीय स्तर पर उन्हें एक के बाद एक लगातार खिताब मिलते रहे।

मैं अमेरिकी खरबपति डोनाल्ड ट्रंप के इन शब्दों की याद दिलाना चाहता हूँ, "जहाँ तक हो सके, सोच बड़ी रखो। सफलता का यही रहस्य है। सोच बड़ी है तो आप जरूर अपना लक्ष्य पा लेंगे।"

□

बोलो कम, सुनो ज्यादा

एक प्रशिक्षणार्थी पत्रकार मेरे पास आया और अपनी प्रगति के बारे में बताया। मैंने कहा, "आपने बहुत बढ़िया ढंग से कार्य किया है। लेकिन आपको और अधिक मेहनत करनी होगी।"

"क्या और अधिक मेहनत!" वह लगभग चीखते हुए बोला, "और अधिक मेहनत? मैंने तो पहले ही बहुत ज्यादा मेहनत की है। मैं सुबह जल्दी आ जाता हूँ और देर रात तक रुकता हूँ। मैं कम-से-कम सात स्टोरी पुन: लिखता हूँ और दो पेज डिजाइन करता हूँ।"

वह बोलता चला गया। मैं देख रहा था कि मेरी टिप्पणी से वह निरुत्साहित हो गया था। मैंने उसे बैठने के लिए कहा और यह समझाने की कोशिश की कि वह संवादन-कौशल पर अधिक ध्यान केंद्रित करे। लेकिन उसने मेरी एक न सुनी। यह स्पष्ट है कि वह अच्छा श्रोता नहीं था।

ध्यान दें कि मैं उस सज्जन से शिकायत नहीं कर रहा था, लेकिन उसने ऐसा समझ लिया। हालाँकि, मैं टीम के किसी सदस्य को किसी खास तरीके से काम करने के लिए समझा रहा था, लेकिन मेरे वास्तविक संदेश की सराहना करने की सारी संभावनाएँ ही खत्म कर दीं। अपने ही हिसाब से अर्थ लगाकर उसने प्रतिक्रिया व्यक्त की थी।

सुनने का गुण बहुत कम लोगों में होता है। हममें से अधिकांश 'पहले से ही हमेशा सुनते आ रहे हैं।' सीधे-सीधे इसका अर्थ है कि हमें जो बताया जा रहा है, हम अपने हिसाब से ही सुनते हैं। ध्यान से सुनने की बजाय जो कहा गया है, हम मात्र शब्दों पर प्रतिक्रिया व्यक्त करने में ही अपनी मानसिक ऊर्जा खर्च कर देते हैं। संप्रेषण या वार्त्तालाप का अनिवार्य हिस्सा श्रवण या सुनना है। उत्तम व धैर्यवान् श्रोता होने पर आपको घर एवं कार्य स्थल पर अनेक समस्याएँ सुलझाने में मदद ही नहीं मिलती, बल्कि दूसरों की नजर से दुनिया देखने में भी सहायता मिलती है। इससे आपकी समझ-बूझ बढ़ती है तथा समानुभूति की क्षमता भी विकसित होती है।

आप सिर्फ सुनकर ही बहुत कुछ जान सकते हैं। निश्चित रूप में, इसके लिए अभ्यास की जरूरत होती है। लेकिन यदि हम किसी को सुनते हैं तो वह खुद को खास समझता है, महसूस करता है। वह अपने को योग्य, प्रशंसा का पात्र तथा सम्मानित व्यक्ति अनुभव करता है। क्या हम सब यह नहीं चाहते? अध्ययनों से पता चला है कि श्रवण (सुनना) ऐसा कौशल है, जिससे हम सभ्य बनना सीखते हैं। याद रखें, बच्चों की बात ध्यान से सुनने पर उनमें स्वाभिमान तथा माँ-बाप और बच्चों के बीच जुड़ाव उत्पन्न होता है। हर माँ-बाप में यह लालसा होती है। हममें से अधिक बेकार बोलते रहते हैं, क्योंकि हमारे मार्ग में अहं आड़े आता है। 'मेरी सुनवाई हो, उसकी नहीं', 'मुझे सुनो, उसे नहीं'—यही प्रवृत्ति हमारे मानस में सक्रिय रहती है। लेकिन सुनने की कोशिश तो करनी चाहिए। आप देखेंगे कि आप बेहतर ढंग से बोल पाएँगे तथा दुनिया आपकी मुट्ठी में होगी।

अमेरिकी लेखक और उद्यमी ब्रियान कास्लॉव ने कहा है, ''यदि कोई उत्तर देने या विचार बताने की बजाय सुनने पर ज्यादा समय देता है तो उसे सफलता अवश्य मिलेगी।'' सफलता सीखने पर टिकी है। यदि व्यक्ति अपनी बाजी को विश्राम देता है तो वह ज्यादा सीख सकता है।

□

जवाब दें, झल्लाएँ नहीं

वर्षों पहले, जब मैं बच्चा था तो गणित विषय से बहुत डरता था। मुझे याद है कि मेरा पेपर खराब हो गया था और जब मैं घर पहुँचा तो माँ ने मेरे मुँह पर जोर का थप्पड़ मारा था। चूँकि गणित का पेपर सबसे पहले हुआ था और वह लगभग हमेशा गलत होता था, मेरी माँ झुँझलाकर पहले खूब चीखती थीं, फिर थप्पड़-पर-थप्पड़ पड़ते थे तथा साथ में अपमानजनक फब्तियाँ भी। और उसका अंजाम यह होता था कि मैं और विषयों पर ध्यान नहीं दे पाता था। मुझे यकीन है कि हममें से अधिकांश लोग बचपन में यह झेल चुके हैं। यदि मेरी माँ अपनी प्रतिक्रिया पर, झुँझलाहट पर काबू रख पातीं तथा सौम्य तरीके से जवाब देतीं तो गणित को छोड़कर बाकी विषयों में अच्छे अंक आ जाते।

मैं यह कहना चाहता हूँ कि—'जवाब दें, झल्लाएँ नहीं।' प्रतिक्रिया करने या झल्लाने और जवाब देने में काफी अंतर होता है। प्रतिक्रिया विचारहीन व भावनात्मक आवेग है, जिसके कारण विकार या नकारात्मक दृष्टिकोण पनपता है। इसके विपरीत, जवाब तर्क और विचार पर आधारित होता है तथा सकारात्मक परिप्रेक्ष्य सामने आता है। श्रोता को अच्छा लगता है तथा पूरा दिन सुहाना निकलता है, आपका भी।

बड़ों के लिए प्रतिक्रिया में गंभीर जटिलताएँ होती हैं। मुझे जॉल शूमेकर की फिल्म 'फालिंग डाउन' की याद आती है। उसमें अभिनेता, माइकेल डगलस ने आम आदमी की भूमिका निभाई थी। वह बात-बात पर उत्तेजित होकर बंदूक उठा लेता था। अंत में उसपर पुलिस के सिपाही ने गोली चला दी। हम अपनी जिंदगी में अनेक कठिनाइयों का सामना करते हैं। उनका समाधान हिंसक व उग्र प्रतिक्रिया नहीं है; बल्कि ठंडे दिमाग से समस्याएँ सुलझा सकते हैं। नहीं तो फिल्म में माइकेल डगलस की पराजय अवश्यंभावी है।

लेखक और शिक्षाविद् चार्ल्स आर. स्विंडोल ने कहा है—"10 प्रतिशत जीवन में आपके साथ घटित होता है तथा 90 प्रतिशत आपकी प्रतिक्रिया पर निर्भर करता है।"

कभी-कभी हम डाँवाँडोल होकर फैसला लेते हैं समझ नहीं पाते कि प्रतिक्रिया करें या जवाब दें। हमारी नैसर्गिक प्रवृत्ति प्रतिक्रिया है। फिर भी, जवाब देने की नैसर्गिक प्रवृत्ति समय और अभ्यास के साथ पनपती है। कोशिश करें, आप सभी को लाभ होगा।

□

मन की शक्ति का आह्वान

शरीर का सौष्ठव एक बड़ी विशेषता होती है। आखिरकार बाह्य व्यक्तित्व से इनसान की पहली छाप पड़ती है। लेकिन दिखाई देनेवाले शारीरिक बल से परे मानव का वास्तविक बल उसकी आंतरिक शक्ति होती है।

इसी शक्ति के बलबूते पर भुजबल को पराभूत किया जा सकता है। जिस दिन आप यह मान लेते हैं, आपके जीवन के शब्दकोश में से 'भय' हमेशा के लिए निकल जाएगा। इसी संदर्भ में मुझे स्वामी विवेकानंद की आत्मकथा का एक प्रसंग याद आता है। बनारस की यात्रा के दौरान उनके पीछे बंदरों की टोली पड़ गई। विवेकानंद बेतहाशा भागने लगे। तभी एक वृद्ध साधु चिल्लाए—"भागो मत, इनका सामना करो।"

अपने मन की शक्ति के साथ विवेकानंद निर्भय होकर पीछे मुड़े। उनकी आकस्मिक चुनौती से बंदरों को झटका लगा। पूरी टोली पीछे मुड़ गई।

कुछ वर्ष बाद न्यूयॉर्क में व्याख्यान देते समय विवेकानंद ने उस घटना का उल्लेख किया तथा कहा, "यह जीवन भर का पाठ है—कठिनाइयों का सामना करो, दृढ़तापूर्वक सामना करो। बंदरों की तरह जीवन की मुसीबतें तत्क्षण गायब हो जाएँगी, जब हम उनसे भागना छोड़ देंगे।"

हम सब में 'अज्ञात' के प्रति निहित भय का 'पशु' बसा है। जीवन का सार 'अवश्यंभावी' को जीतना नहीं है, बल्कि लक्ष्य-प्राप्ति के लिए संघर्ष में निहित है। तभी आप लबालब भरे जीवन का आनंद उठा पाएँगे। मुझे 'फराह की कहानी' याद है। कभी-कभी यह जीवन के उत्थान की कहानी है, कभी-कभी यह दर्दनाक 'वृत्तचित्र' दिखाई देती है, जिसमें अमेरिकन अभिनेत्री फराह फैबी, एन.बी.सी. कैंसर से जूझती है। 'गोल्डन ग्लोब' तथा 'एमी अवॉर्ड' में उनका नाम कई बार शामिल हुआ था। जब सन् 1976 में चार्ली एंजेल्स की टी.वी. सीरीज में प्राइवेट जासूस जिल मुनरो के रूप में पहली बार पब्लिक के सामने आई, तब फैबी ने अंतरराष्ट्रीय ख्याति अर्जित की थी। 1970-80 के दशक में हॉलीवुड के सेक्स सिंबल के रूप में घोषित फराह के शांत व

उदार जीवन में उथल-पुथल मच गई, जब उन्हें सन् 2006 में कैंसर रोग से पीड़ित होने का पता चला था। वह दो तरीकों से प्रतिक्रिया कर सकती थीं—या तो हालात के आगे घुटने टेक देतीं या संघर्ष करतीं। फराह ने दूसरा विकल्प चुना।

उन्होंने अपने भीतर की सारी शक्ति बटोरी तथा दृढ़ता से सामना करने की ठान ली। उस वृत्तचित्र में मार्मिक क्षण अंत में आए। फराह दर्शकों से पूछती हैं, "मैंने अपनी लड़ाई लड़ ली। बताएँ, आप किसलिए लड़ रहे हैं?"

सितंबर 2009 में फराह इस दुनिया से चली गईं। आप कहेंगे कि उन्हें कैंसर रोग ले गया; लेकिन मैं कहता हूँ कि मृत्यु के आगे भी वे विजयी रहीं। आज फराह विषमताओं के सामने जीवन के उत्साह व उमंग की कहानी के रूप में जीवित हैं।

संदेश यह है—पशुता (भय) का सामना करो। भले ही आप जानते हैं कि आपको मरना है, लेकिन आखिरी साँस तक लड़ते रहो। डरकर न जिएँ, लड़ते हुए मृत्यु का वरण करें।

□

बूँद से ही समुद्र बनता है

अनिल मुद्गल भोपाल में 'आरुषि' नामक एन.जी.ओ. चलाते हैं। उन्होंने जब मुझे सबसे पहले रेलवे आरक्षण के लिए पश्चिम-मध्य रेलवे की परची दिखाई तो मैं पूरी तरह से चकरा गया, क्योंकि मुझे उसमें कुछ भी खास दिखाई नहीं दिया। उस फॉर्म में एक ओर हिंदी में तथा अंग्रेजी में हिदायतें दी गई थीं तथा दूसरी ओर फ्लिप साइड पर ब्रेली में छिटपुट जानकारी दी गई थी।

मैंने सोचा कि क्या अजीब बात है। फिर उन्होंने मुझसे पूछा, "आप कितनी बार किसी व्यक्ति को सिर्फ इसलिए गलत समझ चुके हैं, क्योंकि उसने आपकी 'नमस्ते' का खुशी-खुशी जवाब नहीं दिया?"

मैंने जवाब दिया, "यदि मैं उस व्यक्ति को जानता हूँ तो मेरा फैसला गलत नहीं होगा। यदि मैं उसे बहुत अच्छी तरह से जानता हूँ तो अकसर मैं यही सोचता हूँ कि वह इतना परेशान है कि मेरे अभिवादन का जवाब भी नहीं दे पा रहा।"

मुद्गल ने कहा, "बिलकुल ठीक। आप व्यक्ति को भली-भाँति नहीं जानते हैं तो आप उसके बारे में तत्क्षण राय बना लेते हैं। हममें से अधिकांश लोग किसी के बारे में पक्की राय बना लेते हैं या दुराग्रह बना लेते हैं। क्योंकि हम किसी को जानते नहीं हैं, इसीलिए उसके एहसास को समझ नहीं पाते।"

इस बातचीत को आरक्षण परची पर बेली में दी गई जानकारी के पीछे तर्काधार से जोड़ते हुए उन्होंने 'आरुषि' द्वारा चलाए गए सफल अभियान को समझाते हुए कहा कि किसी विशेष स्थिति को बेहतर ढंग से समझने व सराहने की कुंजी जागरूकता है। उन्होंने रेलवे के जरिए नेत्रहीनों के प्रति लोगों को संवेदनशील बनाने के बारे में सोचा। पश्चिम-मध्य रेलवे पहले से ही अंग्रेजी और हिंदी में फॉर्म छपवाता था। 'आरुषि' के अधिकारियों ने रेलवे के प्राधिकारियों को फॉर्म के दोनों तरफ प्रिंटिंग की निरर्थकता को समझाकर प्रभावित किया तथा तर्क दिया कि क्यों न एक तरफ हिंदी और अंग्रेजी में जानकारी दे दी जाए।

यह तर्क मंजूर कर लिया गया। 'आरुषि' ने फॉर्म की दूसरी बेली में जानकारी छपवाई। उनका तर्क सीधा-सादा था—"लाइन में खड़े होकर जब फॉर्म के साथ समय बरबाद होता है, यहाँ तक कि लोग इसे बार-बार पलटते हैं तथा छोटी-मोटी, लेकिन महत्त्वपूर्ण जानकारी पढ़ना चाहते हैं, तब किस तरह से हममें से कोई एक उसे पढ़ने की कोशिश करता है। ऐसे में ये (नेत्रहीन) लोग जानते हैं कि कैसे निपटा जा सकता है। अधिकांश यात्री दो फॉर्म लेते हैं; एक टिकट काउंटर पर थमा देते हैं, दूसरा घर ले जाते हैं। यदि हममें से कुछ बाद में ब्रेली में लिखी जानकारी पढ़ते हैं या दूसरों को बताते हैं तो हमारा मकसद पूरा हो जाता है।" आरुषि के अधिकारियों ने तर्क दिया।

जी हाँ, छोटी सी शुरुआत से ही बड़ा मकसद पूरा हो सकता है। केवल नेत्रहीनों की ही बात नहीं, यह हर इनसान के प्रति सही बरताव एवं आदर-भाव दरशाता है। सभ्यता और बर्बरता के बीच अंतर की पतली रेखा लोगों की समझ पर निर्भर करती है।

"मैं अकेला हूँ, लेकिन में एक हूँ। मैं सबकुछ नहीं कर सकता, लेकिन कुछ कर सकता हूँ। लेकिन मैं जो नहीं कर सकता, उसके आगे अपने सामर्थ्य को डिगने नहीं दूँगा।" अमेरिकी लेखक एडवर्ड एबरे हेल।

मुझ पर यकीन करो, बूँद से ही समुद्र बनता है।

□

सही निर्णय

मैं वर्ष 2010 की यादों में खो जाता हूँ। मैं तिरुपति से घर लौटा था। सोफे पर पड़ी चीजों की ओर मेरा ध्यान चला गया। पारले-जी बिस्कुट के छोटे-छोटे एक-एक रुपए के पैकेट, प्लास्टिक के टिफिन बॉक्स, रबड़ व शॉर्पनर, 10-10 पेंसिल के पेंसिल बॉक्स।

मैं वह सब देखकर हैरान था। घर में कोई छोटा बच्चा नहीं था। तभी मेरी नौकरानी ने बताया, ''फ्लैट नं. ए-702 वाले साहब ने मुझे यह सामान उपहार में दिया है।'' उपहार क्यों? यह नहीं समझा पाई थी।

अगले दिन मैं सुबह की सैर कर रहा था। मेरा ध्यान फ्लैट नं. ए-702 के साहब यश देव बहल पर चला गया। हमने एक-दूसरे से दुआ-सलाम की। मैं उस उपहार के बारे में पूछने से खुद को रोक नहीं पाया। ओह! 80 वर्ष के सज्जन भावुक हो उठे।

''उस दिन मेरे भाई इंद्रदेव का 82वाँ जन्मदिन था। मैं उनकी याद में सोसाइटी के तमाम 145 नौकरों को उपहार देना चाहता था।''

मैंने सोचा कि इतना सब क्यों? वृद्ध रिटायर्ड इलेक्ट्रिकल इंजीनियर ने जो बताया, मैं वह कभी नहीं भूल सकता। बहल ने बताया कि सन् 1948 में जब उनके पिता चल बसे थे, तब उनकी उम्र मात्र 3 वर्ष थी और ऐसे में उनके भाई ने परिवार का बोझ उठाया था, ''मैं हमेशा यही चाहता था कि मैं जरूरतमंद लोगों को छोटी-छोटी चीजें देकर उनकी याद ताजा रखूँ।'' लेकिन कैसे? पैसा, खाने-पीने की चीजें? ये सभी तो अस्थायी हैं।

तब वे इस निष्कर्ष पर पहुँचे कि कोई ऐसा तोहफा दिया जाए, जो इन सबसे ऊपर हो।

''बहुत बड़े पैकेट की बजाय यदि बिस्कुट के छोटे-छोटे पैकेट दिए जाएँ तो वे धीरे-धीरे इसका इस्तेमाल करेंगे और मेरा तोहफा ज्यादा दिन तक चलेगा। जहाँ तक पेंसिल का सवाल है, बहुत से स्कूल मुफ्त किताबें बाँटते हैं, लेकिन पेंसिल जैसा सामान

नहीं देते। इसलिए मैंने सोचा कि 10 पेंसिलों का पैकेट कम-से-कम तीन माह तक चलेगा। अब रहा टिफिन बॉक्स! सोचो, हर घर में खाना पकाया जाता है। चाहे गरीब हो या अमीर, लेकिन गरीब परिवारों के पास खाना साथ ले जाने के लिए बरतन नहीं होता। मेरे इस तुच्छ प्रयास से कुछ बच्चे स्कूल में आधी छुट्टी का आनंद उठा पाएँगे।''

करुणा भरी सोच। यह सब करना मुश्किल नहीं होता। लेकिन इसके पीछे मन की मंशा से ही यह सब हुआ। इससे हर व्यक्ति को खुशी मिली। दिलों में करुणा एवं दया तथा रोजमर्रा के जीवन के तनाव तथा जटिलता में उनका सम्मिश्रण वास्तव में चुनौती भरा कार्य है। सामूहिक जीवन में करुणा फैलने से, विकासवादी दृष्टिकोण से बहुत बड़ा बदलाव आता है।

जर्मन लेखक गोथे के अनुसार—''दया ऐसी सुनहरी शृंखला या चेन है, जिससे समाज लड़ी में बंधता है।'' बहल छोटे से प्रयास में विश्वास करते हैं; लेकिन यदि हरेक व्यक्ति अपनी हैसियत से इस दिशा में प्रयास करता है तो समूचा विश्व जीवन जीने के लिए बेहतर आश्रय-स्थल बन जाएगा।

□

मिलकर रहना सीखें

26 जुलाई, 2005 को मुंबई में 944 मि.मी. बारिश से आई बाढ़ से तबाही मची हुई थी। कालिना एयरपोर्ट के पास एक महिला ने ठसाठस भरी बेस्ट बस के ऊपरी डैक पर हाथ-पैर मारते यात्रियों को देखा। वह चाहती तो आँखें मूँदकर घर का दरवाजा बंद कर सकती थी।

लेकिन आधी रात के समय उसने अपनी सारी साड़ियाँ निकालीं और उनसे एक मजबूत रस्सा-सा बना लिया। फिर उसने बालकनी और बस के बीच वह रस्सा लटका दिया और तब तक यात्रियों को अपने यहाँ आश्रय दिया, जब तक अगली सुबह पानी का स्तर नीचे नहीं उतर गया। इस कहानी में मार्मिक तथ्य यह था कि वह जानती थी कि इस दुनिया में सभी मनुष्य कहीं पर भी एक स्थान पर मिलकर रह सकते हैं। इससे संकट के समय एक-दूसरे को मदद मिलती है। मैत्रीपूर्ण सह-अस्तित्व से यह दुनिया अधिक सुखी व खुशहाल बन सकती है।

इसी तर्क पर मनुष्य और पशु जगत्—सभी का एक ही स्थान होता है। यहाँ पर दोनों पारितंत्र की दृष्टि से परस्पर आश्रित हैं। इससे जीवन-चक्र संपोषण होता है। हममें से कितने लोग उनकी कठिनाइयों के बारे में सोचते हैं? उदाहरण के लिए, मानसून की ही बात लें। जब मैं पशु-पक्षियों को बिना किसी ठिकाने या निराश्रित देखता हूँ, जो बारिश की तबाही को झेल रहे होते हैं, तो द्रवीभूत हो उठता हूँ।

प्रतिवर्ष मॉनसून आने से पहले मैं विंडो के बॉक्स की ग्रिल के एक कोने में प्लास्टिक की शीट की छतरी बनाता हूँ, जिसमें आवारा बिल्लियाँ शरण लेती हैं। उसके एकदम सामने मैं डरे हुए भीगे पंखोंवाले परिंदों के लिए अस्थायी तौर पर घोंसले की जगह बनाता हूँ। मॉनसून के दिनों में तथा सितंबर में उन्हें आश्रय मिलता है।

लेकिन क्या हम कुछ खास कर सकते हैं? नहीं, चाहे जो भी हो, यह केवल इस बात को स्वीकार करने का तरीका है कि पारितंत्र या पर्यावरण की दृष्टि से अब अनिवार्य हो गया है कि पशु-पक्षियों की कद्र करें, जो हमारे समष्टिगत जीवन-प्रणाली का हिस्सा

हैं। इस तरह संकट के समय, हम साथी प्राणी जगत् को यह आश्वासन देते हैं कि हम उनके साथ हैं।

जॉर्ज बर्नार्ड शॉ के ये शब्द याद रखें—''जीवों के प्रति सबसे बड़ा पाप यह नहीं है कि हम उनसे नफरत करते हैं, बल्कि हम उनके प्रति उदासीन हैं। यह हैवानियत का सार है।'' अपनी भलाई की खातिर हम उनके बिना कुछ नहीं कर सकते।

□

डाकिए को बचाने में मदद करें

"और, अब किसी घर के दरवाजे पर डाकिए की दस्तक सुनाई नहीं देगी। हमें यह एहसास नहीं होता कि ऐसा कौन सा व्यक्ति है, जो यह बरदाश्त नहीं कर पाएगा कि उसे भुला दिया जाएगा?" किसी ने डब्ल्यू.एच. ऑडेन की कविता 'नाइट मेल' की ये पंक्तियाँ मुझे सुनाई थीं। मैं यह कविता लगभग भुला चुका हूँ—और डाकिए को भी। जब मैंने ये पंक्तियाँ सुनीं तो मेरे मन-मस्तिष्क में वे चलचित्र की तरह घूम गईं और मैं दोबारा उसी दौर में पहुँच गया, जब मैं मात्र पाँच वर्ष का था। मैंने अपनी दादी माँ को देखा था। वे तंजावूर के पास कुंभकोणम् के डाकिए रविंद्रन को छाछ पिलाती थीं।

उसकी उम्र 50 वर्ष थी। वह लगभग 30 वर्षों से अपने कंधों पर भारी-भरकम थैला ढोता आ रहा था। रविंद्रन के झुके हुए कंधे उसकी कहानी सुनाते थे। वह हमारे इलाके के सभी लोगों में लोकप्रिय था। वह केवल चिट्ठियाँ ही नहीं बाँटता था, बल्कि रिश्तेदारों द्वारा भेजे गए मनीऑर्डर तथा चिकने व चमकीले कागज में लपेटकर भेजे गए उपहार भी लोगों तक पहुँचाता था।

पॉश मेट्रो में डाकिए की संकल्पना धुँधली पड़ती जा रही है। लेकिन कुछ अपवाद भी हैं। अभी भी आधुनिकता के परदे में ढँके स्थानों व लोगों के हृदयों में डाकिए की अलग पहचान है। आज भी धारावी की गंदी स्लम बस्तियों में कूरियर का नियमित रूप से चक्कर नहीं लगता, बल्कि डाकिया ही आता है। आज भी वहाँ डाकिए का जादू छाया हुआ है। लोग उसका बेसब्री से इंतजार करते हैं। वह छोटे-छोटे पोस्ट कार्ड, अंतर्देशीय पत्र, पीले रंग के लिफाफे और हाँ, छोटी-मोटी रकम के मनीऑर्डर बाँटता है। इससे लोगों को पूरे जहाँ की खुशी मिलती है।

क्या आप यह जानते हैं? प्रगति तथा प्रौद्योगिकी के युग में कार्य करते डाकिए इस विश्वास को और अधिक बल प्रदान करते हैं कि समय का ज्वार-भाटा हमारी संस्कृति, परंपरा या जड़ों को कभी नहीं मिटा सकता। मुझे याद है कि मेरे अंकल हर

वर्ष मुंबई से मुझे जन्मदिन पर 20 रुपए का मनीऑर्डर भेजते थे। यह मेरे लिए बहुत बड़ी रकम थी। जैसे-जैसे मेरा जन्मदिन पास आता था, मैं रविंद्रन का बेसब्री से इंतजार करता था। मुझे मनीऑर्डर लेकर जो खुशी मिलती थी, वह फिर कभी भी, कहीं पर भी नहीं मिली।

हमारा डाकिया रविंद्रन जरूरत पड़ने पर पत्र पढ़कर भी सुनाता था। क्या आपको आजकल यह सब अकसर दिखाई देता है? अभी भी दूर-दराज के इलाकों में लोग डाकिए का कितना सम्मान करते हैं। मुझे यकीन है, परंपराएँ छोड़नी नहीं चाहिए। आज भी, जब मुझे अपने चचेरे भाइयों को पैसा भेजने की जरूरत पड़ती है, मैं डाक-सेवा का लाभ उठाना चाहता हूँ। जब मुझे बंगलुरु के पास रह रही अपनी आंटी से पोस्ट कार्ड मिलता है, मेरी खुशी का ठिकाना नहीं रहता।

पुरानी कहावत है—'चिट्ठी औचक पात्रा है, वहीं डाकिया रोमांचकारी संदेश का एजेंट है।' मुझ पर यकीन करो—परंपरा से हमें ऐसी खुशी मिलती है, जो और कहीं नहीं मिलती। इन्हें सँजोकर रखें। डाकिए की संकल्पना बनाए रखने में सहयोग दें।

□

मैंने हटकर राह चुनी है

जब मैं सन् 2010 में राजकुमार हीरानी की फिल्म '3 ईडियट' का आनंद ले रहा था, मेरे दिमाग में विचारों का ताँता लग गया। यह फिल्म चेतन भगत की सर्वश्रेष्ठ पुस्तक 'फाइव पॉइंट समवन' पर आधारित थी। इस फिल्म में दिल को छू लेनेवाली वास्तविकता दरशाई गई थी। इसमें इंजीनियरिंग के छात्रों का जीवन चित्रित किया गया है, जिन्हें इस क्षेत्र में जाने के लिए बाध्य किया जाता है, जो उनके मन मुताबिक नहीं है।

मुझे इसमें खासतौर पर यह तथ्य रोचक लगा कि युवा दर्शकों ने इसे अत्यधिक सराहा; और दर्शकों का बहुत बड़ा हिस्सा यही वर्ग होता है। थोपी गई दिशा जैसे विचार पर ही यह पूरी फिल्म घूमती रहती है। हर व्यक्ति के जीवन में ऐसी स्थिति आती है, जब उसे यह फैसला लेना होता है कि वह अपने जीवन में क्या करना चाहता है। एक बार लिये गए निर्णय पर हमारा पूरा भविष्य टिका होता है। दुर्भाग्यवश, हम अकसर मनचाही दिशा की ओर बढ़ नहीं पाते। हमारी आकांक्षाओं और रुचि पर हमारे माता-पिता, अध्यापकों एवं हमउम्र लोगों—वस्तुतः दुनिया का नियंत्रण होता है—यह सब हमारे ऊपर हावी हो जाते हैं और ये सभी कारक नाम और पैसे के पीछे भागते हैं। प्रश्न यह है कि कौन सा कार्य करने से हमें संतुष्टि मिलती है?

मुझे लेखक हर्वे टेलर की यह उक्ति याद आती है—"मैं अपने बारे में सोचने के लिए जीता हूँ। मैं भेड़ चाल का हिस्सा नहीं हूँ।" निर्णय लेना दुष्कर होता है। दुनिया के दबाव बहुत ज्यादा पड़ते हैं। यह दुनिया पैसे और शक्ति को अहमियत देती है। इस फिल्म में तीखा सवाल किया गया है। आप शक्ति और पैसा इकट्ठा कर सकते हैं, लेकिन क्या ऐसे इनसान नहीं बन सकते, जो दुनिया की सौदेबाजी में अपने मन की इच्छा पर ध्यान दे?

आप युवा वर्ग अपने जीवन का सर्वाधिक महत्त्वपूर्ण निर्णय लेने के लिए चौराहे पर खड़े हैं। यह मोड़ सबसे ज्यादा महत्त्वपूर्ण है। आपके पास सीमित समय है। किसी

दूसरे व्यक्ति का जीवन जीने में समय नष्ट न करें। ऐसे बनावटी उसूलों के बहकावे में न आएँ, जो लोगों की सोच का परिणाम है। किसी अन्य के विचारों के शोरगुल में अपनी अंतरात्मा की आवाज न दबने दें। सबसे बड़ी बात, अपने मन तथा अंतर्दृष्टि के मुताबिक जीने की हिम्मत बटोरें। वे पहले से ही जानते हैं कि आप वास्तव में क्या बनना चाहते हैं।

जब कभी आप अनिर्णय की स्थिति में फँसें, एक आसान सवाल का जवाब दें—क्या मैं अपनी इच्छा के मुताबिक अपने लिए निर्णय लेकर खुश रहूँगा या मेरे लिए कोई और निर्णय ले तथा मैं जीवन भर पछताता रहूँ? याद रहे, जीवन में कोई बैक गियर नहीं होता। एक बार कदम उठा लिया तो पीछे नहीं लौट सकते। साहस बटोरने के लिए रॉबर्ट फ्रॉस्ट की कविता 'द रोड नॉट टेकन' की इन पंक्तियों पर ध्यान दें। याद रखें—

"मैंने हटकर राह चुनी है
बस, यही मुझमें फर्क है।"

□

अपने मन को साधें

दो उदाहरणों पर ध्यान दें। मेरे मित्र के बेटे ने कुछ वर्ष पहले बैंक की प्रोबेशनरी परीक्षा पास की थी। इंटरव्यू के दौरान उससे दो सवाल पूछे गए। इंटरव्यू लेनेवालों ने पूछा, ''मि. रविंद्रन, क्या होगा, यदि मैं आपकी बहन के साथ भाग जाऊँ?''

24 वर्षीय युवक ने कुछ देर सोचा, फिर जवाब दिया—''ग्रेट सर, मैं अपनी बहन के लिए आपसे बेहतर वर नहीं ढूँढ़ सकता।''

उसके सामने कॉफी का कप रखते हुए बोर्ड के अन्य सदस्य ने पूछा, ''आपके इंटरव्यू का आखिरी सवाल है। प्लीज, इस टेबल के केंद्र की सही पोजीशन बताएँ?''

रविंद्रन ने आत्मविश्वास से टेबल के किसी पॉइंट पर अपनी एक अंगुली रखी तथा कहा कि यहाँ सेंटर या केंद्र है। इंटरव्यू लेनेवाले ने कहा कि आप कैसे इतने यकीन से ऐसा कह सकते हैं? रविंद्रन ने तत्काल जवाब दिया, ''सर, आपने कहा था कि यह आखिरी सवाल है, इसलिए मैंने अव्यावहारिक सवाल का अव्यावहारिक जवाब दिया है।''

रविंद्रन को उत्कृष्ट अंकों से चुन लिया गया। रविंद्रन के दोनों उत्तर बहुत ज्यादा नवीनता लिये प्रतीत नहीं होते; लेकिन चौंकानेवाला तथ्य यह है कि उन्होंने रूढ़िबद्ध तरीके से जवाब नहीं दिया। संक्षेप में, रविंद्रन ने ढर्रे से हटकर जवाब दिए। ये जवाब कठोर प्रवृत्ति की अवज्ञा करते हैं। इसके अलावा, तैयारी किए बिना किसी सवाल का जवाब देना कठिन होता है। मनुष्य निश्चित पैटर्न से प्रतिक्रिया करते हैं। जो लोग कुछ ही सेकंड में तत्काल जवाब देते हैं तथा परंपरा से हटकर जवाब देते हैं, उन्हें बिन बुलाई मुसीबत से निपटने में सक्षम माना जाता है। यह कोई बच्चों का खेल नहीं है। इसके लिए अत्यधिक मानसिक शांति की जरूरत होती है। आप भी इससे सहमत होंगे कि किसी भी कार्यक्षेत्र में नए रंगरूट या नई भरती से यही अपेक्षा की जाती है।

किसी भी स्थिति में, किसी की बहन के साथ भाग जाने से जुड़े सवाल का अर्थ व्यक्ति को उकसाना है। लेकिन रविंद्रन शांत रहा और पासा ही पलट गया। दूसरे

उदाहरण में, उसने आखिरी सवाल उठाने का या होने का फायदा उठाया और इंटरव्यू बोर्ड के सदस्य पर हावी हो गया।

"मैं मूड की ओर नहीं ताकता। यदि आप ऐसा करते हैं तो आप कुछ नहीं कर पाएँगे। आपके लिए यह जानना जरूरी है कि कार्य पूरा किया जाना है।" लेखक पर्ल एस. बक। आज कड़ी स्पर्धा के दौर में मस्तिष्क के वैब पर एक-एक इंच जगह नूतन विचारों से भरी पड़ी है। यहाँ सामान्य प्रतिक्रियाओं के लिए कोई जगह नहीं है। नए अंदाज से सोचना कोई मुश्किल काम नहीं है। आपको सिर्फ अपने मन-मस्तिष्क को साधना है, ताकि जब प्रचंड हवाएँ चलें तो आप बिखरें नहीं, शांत रहें। ढर्रे से हटकर सोचना दुष्कर है; लेकिन प्राय: इससे लाभ पहुँचता है, क्योंकि इस प्रवृत्ति से सिद्ध होता है कि व्यक्ति अपनी औकात जानता है। निस्संदेह यह प्रक्रिया ऐसे विचारों से घिरी है, जिससे आप अंतत: अपने प्रतिद्वंद्वी को पछाड़ देनेवाला पंच लगा सकते हैं।

□

सफलता पाने के लिए पसीना बहाने के साथ-साथ कुछ और भी चाहिए

मैं और मेरी बेटी इस विषय पर लंबे समय तक चर्चा करते रहे कि किस तरह से मेहनत हमेशा रंग लाती है। इस दौरान मेरी बेटी ने तर्क किया, ''लेकिन डैड, हर कोई तो धीरूभाई अंबानी नहीं हो सकता!''

''किसी को ऐसा करने की जरूरत भी नहीं है।'' मैंने जवाब दिया—''लेकिन वह निश्चित रूप से सुरजन सिंह आहूजा हो सकता है।'' मैंने कहा।

''सुरजन! वह कौन हैं?'' मेरी बेटी ने पूछा।

मैंने उसे जो बताया, वह आपको भी बताने जा रहा हूँ।

जैसे ही सरदारजी ने मेरा हाथ पकड़ा, दाढ़ी के पीछे छिपी विनम्र मुसकान ने मेरा मन मोह लिया। उनकी उम्र 80 वर्ष से ऊपर हो चुकी थी। स्थान—मुंबई में कल्बा देवी।

''इस इलाके की सबसे बड़ी कपड़े की दुकान के मालिक सुरजन सिंह आहूजा से मिलें।'' मेरे मित्र पत्रकार ने परिचय कराया।

तब वह विनम्र व्यक्ति बोले, ''मैं तो अदना सा ही इनसान हूँ, सर। यहाँ तक मैं मेहनत से पहुँचा हूँ।''

जब सन् 1947 सुरजन मुंबई पहुँचे, देश विभाजन के आग की लपटें अभी तक शांत नहीं हुई थीं। कल्बा देवी में शरणार्थी के रूप में वे कपड़े की एक दुकान पर नौकर का काम करने लगे। पास में डिकेनशियन स्लम में रहने का आसरा। 15 वर्ष की उम्र का जिंदादिल युवक गुजरात के अनेक कपड़ा व्यापारियों का मित्र बन गया। अपने व्यस्त जीवन की दिनचर्या में अकसर वह गुरुद्वारे जाता था, ताकि गरीब पंजाबी महिलाओं को यहाँ सिर ढँकने के लिए चुन्नी दे सके। सुरजन ने गुजराती मित्रों से सौदा किया। वह उनसे कपड़ा खरीदेगा, दुपट्टे बनाएगा और गुरुद्वारे में 3–4 आने में गरीब महिलाओं को दुपट्टे बेचेगा। उसका मुनाफा—1 आना एक दुपट्टा।

जल्दी ही वह युवक दुकान में काम करने लगा। दोपहर गुरुद्वारे में चुन्नियाँ बेचने लगा, शाम को घर-घर जाकर कपड़ों का सामान बेचता।

"मैं गरीब पंजाबी महिलाओं की मदद करना चाहता था।" मुझे सुरजन के ये शब्द याद हैं। धीरे-धीरे उसकी आमदनी बढ़ने लगी। चुन्नी से लेकर कमीज, पैंट तथा सूट पीस उसका कारोबार फैलने लगा। ग्राहक बढ़ने लगे। आनेवाले वर्षों में वह सुरजन सिंह दुपट्टेवाला से सुरजन सिंह कपड़े का व्यापारी बन गया। अब कल्बा देवी में उसका सबसे बड़ा कपड़े का शोरूम है।

हमारी इस मुलाकात से 20 वर्ष से ज्यादा समय के बाद कुर्ला में आहूजा सिल्क मिल का व्यापारी सुरजन मुंबई का सबसे ज्यादा धनी सिक्ख बन गया। 'सिंह इज किंग' के इस उदाहरण में चौंकानेवाली बात यह कहानी दरशाती है कि अमेरिकी वैज्ञानिक थॉमस एल्वा एडीसन के '99 प्रतिशत सफलता = श्रम' फॉर्मूले पर आधारित है। साथ ही यह तथ्य भी उजागर होता है कि परोपकार की भावना शोहरत का अंग नहीं है। सुरजन गुरु नानक अस्पताल तथा शैक्षिक ट्रस्ट में उदार मन से दान करता है, जबकि उसके बेटे कारोबार सँभालते हैं। निश्चित रूप में व्यवहार-कुशलता पर टिकी मेहनत तथा इनसानियत की भावना से ओत-प्रोत व्यक्ति कभी भी नाकाम नहीं होता।

सफलता यात्रा है, मंजिल नहीं। प्रायः फल से अधिक कर्म प्रधान होता है।

□

हर इनसान में कुछ खास है

हर बार जब मैं पुणे आता हूँ, मैं इस शहर से कुछ-न-कुछ सीखता अवश्य हूँ। पुणे स्थित दो एन.जी.ओ. का ही उदाहरण लें। इन एन.जी.ओ. में रेस्तराँ में ब्रेली में मेन्यू कार्ड की खातिर होड़ लगी थी। इनका लक्ष्य यह सुनिश्चित करना है कि नेत्र-बाधित ग्राहकों को मेन्यू में से मनपसंद व्यंजन आदि चुनने में दूसरों पर निर्भर न होना पड़े।

इनकी मदद से पुणे के दो लोकप्रिय रेस्तराँ—फर्ग्युसन कॉलेज रोड पर 'वैशाली' तथा साधु वासवानी चौक पर 'होटल वुडलैंड' ब्रेली में लिखे मेन्यू कार्ड इस्तेमाल कर रहे थे।

प्राय: नेत्र या दृष्टि से विकलांग व्यक्ति को उस समय परेशानी उठानी पड़ती है, जब उन्हें रेस्तराँ जाना पड़ता है; क्योंकि मेन्यू पढ़ने के लिए उन्हें दूसरों का सहारा लेना पड़ता है। इसके अतिरिक्त ऐसे कुछ लोग लंच के दौरान रेस्तराँ में मीटिंग भी करते हैं। तब यह और भी अधिक महत्त्वपूर्ण हो जाता है कि होटल के मेन्यू कार्ड पढ़ते समय उनकी जरूरत पूरी हो सके।

दोनों रेस्तराँ के मेन्यू कार्ड में तसवीरें हटाकर इन्हें पुन: तैयार किया गया है। अनावश्यक हिस्सों को हटाकर तथा मेन्यू की एडिटिंग के बाद समूची सूची को ब्रेली में लिखा गया। अलग-अलग पृष्ठ एन.जी.ओ. के दृष्टिहीन बच्चों द्वारा जिल्दबंद किए गए।

इससे पहले कोई वेटर या कर्मचारी ऐसे खास ग्राहक के लिए मेन्यू पढ़ता था। लेकिन अब ये लोग स्वयं यह निर्णय लेते हैं कि उन्हें क्या खाना है। वे स्वयं मेन्यू पढ़ते हैं, जिसमें उन्हें गर्व महसूस होता है।

पुणे भी कोटा की तरह शिक्षा का केंद्र है। यहाँ पर पर्याप्त संख्या में नेत्र-विकार ग्रस्त बच्चे स्नातक तथा स्नातकोत्तर स्तर पर पढ़ने आते हैं। अत: पुणे के रेस्तराँ में नई प्रौद्योगिकी अपनाने में समझदारी बरती गई है। वास्तव में ये ऐसे लोगों का आदर करते हैं, जिसके वे पात्र हैं। अमेरिकी बेसबॉल खिलाड़ी जैकी रॉबिन्सन ने कहा है, "मुझे इस

बात की परवाह नहीं है कि आप मुझे पसंद करते हैं या नहीं। मैं तो सिर्फ यह चाहता हूँ कि आप मनुष्य के रूप में मेरा सम्मान करें।''

इससे हमें यह सीख मिलती है, प्रत्येक व्यक्ति में यह एहसास पैदा होता है कि ऐसे विकलांग व्यक्ति भी समाज की मुख्य धारा में बराबरी का स्थान रखते हैं। अब अनेक व्यवसायी घराने इस सामाजिक उद्देश्य का समर्थन करते हैं। निश्चित रूप में इससे प्रत्येक व्यक्ति को स्वयं पर गर्व उत्पन्न होगा तथा कर्मचारी भी ऐसे उपेक्षित लोगों की सेवा करने में गौरव महसूस करेंगे।

□

पिता का आशीर्वाद

आदर्शों के आधार पर आगे बढ़ना आम है, लेकिन इसका उदाहरण पेश करना इतना आसान नहीं है। वृंदा वेंकटरामन को अपने पिता पी. मुथुस्वामी में ऐसा ही उदाहरण मिला। वह जानती थी कि उनकी बराबरी करना कितना कठिन है।

सन् 1930 के दशक की ओर लौटते हैं। मुथुस्वामी अपने पिता के कंधों पर बैठकर दो नहरें पार करके 4 कि.मी. दूर स्कूल में पढ़ने जाते थे। यह निष्ठा का उदाहरण प्रस्तुत करता है। मई 2000 में स्वामी पब्लिशर्स नामक कंपनी खोलने के बाद सन् 2000 में अधूरा सपना लिये चल बसे। वे गरीब बच्चों के लिए हाई स्कूल खोलना चाहते थे। वृंदा ने फैसला लिया कि 22 जून को उनके जन्मदिन पर उन्हें तोहफा देंगी। 'फादर डे' से ठीक एक दिन बाद। और वह कामयाब रहीं।

मृत्यु से 5 वर्ष पहले मुथुस्वामी ने चेन्नई से 40 कि.मी. दूर पोरूर में एक छोटा सा प्लॉट खरीदा था। उनका मकसद गरीब बच्चों के लिए स्कूल खोलना था। उस प्लॉट पर के.जी. से कक्षा पाँचवीं तक के लिए छोटी सी इमारत खड़ी की गई। वहाँ केवल उन्हीं बच्चों को दाखिला मिलता था, जो स्कूल की 4 कि.मी. परिधि में रहते हैं। उतनी दूरी, जितनी उनके पिता उन्हें कंधों पर बिठाकर तय करते थे। मुथुस्वामी की मृत्यु के बाद वृंदा ने अपने पिता का हाई स्कूल बनवाने का सपना पूरा किया। उन्होंने छठी से बारहवीं कक्षा तक के लिए अलग इमारत बनवाई। फिर इसके बाद कभी पीछे मुड़कर नहीं देखा।

वृंदा ने बताया, "मैं दसवीं तथा बारहवीं कक्षाओं के राज्य स्तर पर परीक्षाओं में शत-प्रतिशत परिणाम से खुश नहीं थी। असली खुशी किसी दुकानदार की बेटी का मेडिकल स्कूल में दाखिला होने या फूलवाले के बेटे का आई.आई.टी. में प्रवेश मिलने पर मिलती है। मेरे पिताजी का अधूरा सपना इन बच्चों में साकार होता है।" उन्होंने आगे कहा, "मेरा स्कूल भले ही तमिलनाडु में जाना-पहचाना स्कूल न हो, लेकिन मुझे रईस लोगों की इच्छाएँ पूरी नहीं करनी हैं। मेरा स्कूल फेरीवालों, नौकरों तथा छोटे-मोटे कार्य करनेवालों

के बच्चों की खातिर खुला है, जो यह सपना देखते हैं कि उनका बच्चा 'कुछ' बने।" वे अब भी प्री-प्राइमरी कक्षा के बच्चों के लिए अलग से इमारत बनवा रही हैं। वृंदा ने पूछा, "क्या आप यह नहीं सोचते कि इस तोहफे से मेरे पिता प्रसन्न होंगे?"

19वीं सदी के अमेरिकी लेखक क्लेरेंस बुडिंगटन कैलाड ने अपने पिताजी के बारे में कहा था, "उन्होंने मुझे कभी यह नहीं बताया कि जीवन कैसे जीना है। वे जिए और मुझे देखने का मौका दिया।" निस्संदेह अनुशासन, गुणवत्ता तथा सर्वगुण-संपन्न होने के लिए अथक प्रयासों से विनम्रता की जड़ें पोषित होती हैं। वृंदा ने स्कूल जीवन में अपने पिताजी से यह सीखा और उनके अधूरे सपने पूरे करने के लिए यह इमारत भेंट की। क्या हमें वृंदा वेंकटरामन से कुछ सीख नहीं लेनी चाहिए?

□

भूलों से बचें

एक बार की बात है। मैं एक सर्वेक्षण में शामिल था। उस दौरान इस विषय पर शोध कार्य किया जाना था कि प्रायः कुछ को-ऑपरेटिव सोसाइटी में ही डकैती क्यों डाली जाती है, जबकि अन्य सोसाइटियों में डकैती की कोई वारदात नहीं होती। इस शोध के परिणाम चौंकानेवाले थे। जिस सोसाइटी में सुरक्षा गार्ड सभी सदस्यों को आते-जाते वक्त सलामी देते हैं, वहाँ डकैती का मामला दर्ज नहीं होता; जबकि जिस सोसाइटी में सुरक्षा गार्ड कुछ ही चुनिंदा सदस्यों को सलाम करते हैं— जैसे सोसाइटी की कमेटी के सदस्य, वहाँ डकैती के मामले दर्ज होते हैं।

इससे यह विचित्र निष्कर्ष निकलता है। लेकिन यहाँ दो तथ्य सामने आते हैं। जब सुरक्षा गार्ड सलाम करता है तथा गुड मॉर्निंग, गुड आफ्टरनून या गुड नाइट कहता है तो मुँह तथा बाजुओं की मांसपेशियाँ क्रियाशील होती हैं। इससे परोक्ष रूप में उनका मस्तिष्क सतर्क रहता है।

जापान में ट्रेन के ड्राइवर को कहा जाता है कि प्रत्येक सिग्नल के पास पहुँचते समय वह अपना हाथ उठाकर आगे सिग्नल की ओर इशारा करे। चाहे रंग लाल हो या हरा, वह जोर से सिग्नल का रंग बोलता है। वह जोर डालने के लिए अंगुली से सिग्नल की ओर इशारा करता है। यह ड्राइवर के केबिन का मोनो एक्ट प्ले (एकांकी) है। ऐसा करके ड्राइवर इससे आश्वस्त होता है कि उसे गलत संकेत नहीं मिला है। जापानी भाषा में इस विधि को 'शिसा कांको' कहते हैं। इस प्रयास से मनुष्य की गलती से होनेवाली दुर्घटनाओं में 1 से 3 प्रतिशत कमी आई है।

जब से मैंने सन् 1985 में 'द जापान टाइम्स' में यह लेख पढ़ा, तब से मैं बैंक लॉकर ऑपरेट करते समय इस विधि का इस्तेमाल करता आ रहा हूँ। बैंक लॉकर ऑपरेट करने के बाद बाहर निकलते समय मेरे दिमाग में यह प्रश्न उठता था—'क्या मैंने लॉकर में सभी जेवर आदि रख दिए हैं? या क्या मैंने सही ढंग से लॉकर बंद कर दिया है?' मैं हमेशा जोर से अपने आपसे कहता हूँ कि मैंने लॉकर बंद कर दिया है। हर

चीज लॉकर में रखी है। लॉकर में मेरे अलावा और कोई नहीं था। ऐसा करके मैं बेतुके सवालों से बच सकता हूँ। इसी प्रकार से, हममें से अनेक लोगों की आदत होती है कि किसी पारिवारिक समारोह में जाते समय घर छोड़ते वक्त यह सोचकर घबरा जाते हैं कि पता नहीं नल ठीक से बंद है या नहीं? लाइट और पंखों के स्विच बंद किए हैं या नहीं।

ब्रिटेन के पूर्व प्रधानमंत्री विंस्टन चर्चिल ने कहा है—"इनसान गलती करता है, लेकिन इनसान गलती न करने के लिए भी सतर्क रहता है।" जरूरी कार्यों का अभ्यास किया जा सकता है और मनुष्य की भावुकता के कारण होनेवाली दुर्घटनाओं से बचने के लिए इन्हें व्यवहार में लाया जा सकता है।

□

मन का सौंदर्य

मुझे याद है कि सन् 1980 के आरंभ में मैंने उत्तर भारत की एक महिला के बारे में एक लेख पढ़ा था, जिन्होंने सताई गई अनेक महिलाओं को बड़े धैर्यपूर्वक रास्ता दिखाया। वह एक ब्यूरोक्रेट की पत्नी थीं तथा असाधारण सुंदर थीं। साथ ही उनका हृदय शुद्ध सोने जैसा पवित्र था। प्रत्येक व्यक्ति—बच्चे से लेकर आस-पड़ोस तथा सफाई कर्मचारी तक—वह सभी के प्रति दया, धैर्य रखती थीं और मिलनसार थीं। लेकिन वे अपने घर में बहुत बड़ी समस्या से जूझ रही थीं। उनका पति शराबी और लंपट था। वह अपने कैरियर में आगे बढ़ने के लिए अपनी पत्नी का शारीरिक सौंदर्य इस्तेमाल करना चाहता था। एक शाम अप्रिय घटना के दौरान उसने अपनी पत्नी पर एसिड की भरी बोतल फेंक दी। उस महिला के चेहरे का दायाँ भाग, मुँह की हड्डियाँ लगभग पिघल गई थीं। उनकी प्लास्टिक सर्जरी की गई। चेहरे के उस भाग को सहारा देने के लिए धातु की प्लेट का इस्तेमाल किया गया। किसी समय सौंदर्य की प्रतिमा रह चुकी वह महिला भद्दी लगने लगी थी।

बाहरी तड़क-भड़क से परे उसका दिल और अधिक सुंदर हो गया। बाद में उन्हें तलाक मिल गया तथा पूरी जिंदगी वे विभिन्न राज्यों की तबाह हो चुकी महिलाओं को न्याय दिलाने में मदद करती रहीं। उनका बाह्य सौंदर्य खत्म हो चुका है, लेकिन वे मन से अधिक बलवती एवं सौंदर्य से परिपूर्ण हो गईं। यह उनकी आंतरिक खूबसूरती ही थी, जिसके कारण मानवता उन्हें सलाम करती है।

कुछ दशक पहले मेरी नैतिक विज्ञान की टीचर ने कहा था, जो मुझे आज भी याद है—"आप किसी महिला से उसके सौंदर्य के कारण प्यार नहीं करते; बल्कि वह इसलिए सुंदर है, क्योंकि आप उसे प्यार करते हैं। आप मन का सौंदर्य देखें, चेहरा नहीं। आप मोनालिसा के हृदय पर ध्यान दें, न कि उसकी मुसकान पर।" यह संदेश उस समय इतना प्रभावशाली नहीं लगा, जितना इस महिला की कहानी पढ़ने पर लगा है। आज यह देखकर पीड़ा होती है कि बाहरी चकाचौंध से हमारे पाँव उखड़ जाते हैं।

हमारा ध्यान व्यक्ति के भीतर से उत्सर्जित हो रही नेकी की किरणों की ओर नहीं जाता।

समस्या यह है कि सौंदर्य की संकल्पना भी वाणिज्यिक रूप धारण कर चुकी है। सौंदर्य केवल बाहरी नैन-नक्श या चेहरे तक ही सीमित नहीं है। यह व्यक्ति के स्वभाव, आत्मा, कला तथा शब्दों आदि में झलकता है। सौंदर्य की संकल्पना व्यक्ति-सापेक्ष होती है, आप सुंदर नैन-नक्श की ओर आकर्षित होते हैं या मानव हृदय के सौंदर्य की ओर आकर्षित होते हैं।

हममें से अनेक मेरे सहित अकसर बाह्य सौंदर्य को पसंद करते हैं; लेकिन जब आप किसी को जानते हैं, देखते हैं, समझते हैं कि वे वास्तव में कौन हैं, कैसे हैं, तभी आप यह महसूस करते हैं कि किसी व्यक्ति का भीतरी एवं वास्तविक सौंदर्य प्रस्फुटित हो रहा है। खलील जिब्रान ने कहा है, ''सौंदर्य चेहरे में नहीं होता, बल्कि वह मन में फैले प्रकाश की किरण है।''

□

चेहरा धोखा दे सकता है

मैं नागपुर से सेवाग्राम लौट रहा था। तड़के ही ट्रेन रवाना हो गई थी। सामान्यत: मैं अपने साथ बैठे किसी व्यक्ति को अपना परिचय देता हूँ। लेकिन इस खास मौके पर मुझे यह सही नहीं लगा। मेरे साथ बैठा व्यक्ति 20-30 वर्ष की उम्र का होगा। उसकी आँखें लाल थीं। शेव के बाद उसमें से दुर्गंध आ रही थी। उसने भारी सी जैकेट पहन रखी थी, जो बहुत पुराने फैशन की थी। मैंने निरुत्साह भाव से उस पर नजर डाली। मैंने अपना बैक पैक लगेज रैक पर नहीं रखा, बल्कि पकड़े रहा, मानो वह व्यक्ति उसे लेकर भाग जाएगा।

लेकिन वह बात करने के मूड में था। उसने बार-बार मुझसे बात करने की कोशिश की। मैंने दो टूक जवाब देकर अपनी झुंझलाहट दिखा दी। अंतत: वह समझ गया और फिर लंबी चुप्पी साध ली। अब मुझे नींद आने लगी। मैं व्यक्ति की मंशा पर अविश्वास कर रहा था, इसलिए सिकुड़कर लेट गया। अपनी सीट की हदबंदी में ही रहने की कोशिश करने लगा। बाहर ठंड थी और मेरी खिड़की भी पूरी तरह से बंद नहीं थी। सावधान रहने की लाख कोशिशों के बावजूद ठंडी हवा के झोंकों से मैं सो गया।

अचानक शोरगुल से मेरी आँखें खुल गईं। मैं यह देखकर डर गया कि मेरी सीट से अगली सीट खाली थी। खिड़की से आते हवा के झोंके ने मेरे चेहरे को छू लिया। मैं जानता था कि मेरा बैक पैक गायब हो चुका है। मैं भौंचक्का था और यही सोच रहा था कि अब क्या करूँ। तभी मेरे साथ वाली सीट पर बैठा यात्री आ गया। उसकी ठोड़ी से खून रिस रहा था तथा उसके हाथ में मेरा बैग था। तब उसने बताया कि जब मैं सो रहा था, कोई व्यक्ति चुपके से मेरा बैग उठाकर ले जा रहा था। उसने उस व्यक्ति को देख लिया तथा उसे पकड़ने की कोशिश में वह भागा। उस चोर ने उस व्यक्ति के मुँह पर वार किया। वह गुंडा निकला। लेकिन मेरा बैग वापस मिल गया।

मैं बता नहीं सकता कि मैं कितना शर्मिंदा था। जिस व्यक्ति पर मैंने संदेह किया, उसे एहसास दिलाया कि मैंने कितना छिछोरा व्यवहार किया है। मैंने उसका नाम नहीं

पूछा, न ही उसने मेरा नाम पूछा। लेकिन मैं उसे कभी नहीं भूल पाऊँगा।

अमेरिकी राजनेता डेनियल वेबस्टर का कहना है—"दुनिया यथार्थ की बजाय बाह्य व्यक्तित्व को देखकर राय बना लेती है।" हम पूर्व धारणा की दृष्टि से व्यक्ति को देखते हैं। जरूरी है कि हम जल्दबाजी में किसी व्यक्ति के बाह्य व्यक्तित्व के बारे में निर्णय न लें।

□

एक में अनेक बनें

पुणे में सस और बनेर गाँवों के बीच एक बंजर पहाड़ी थी। उसकी ढलान पर कहीं-कहीं घास दिखाई देती थी। बीच में चट्टानें उभरी हुई थीं। आज उस पहाड़ी का कायाकल्प हो चुका है। वहाँ क्यारियों में पौध लहरा रही हैं। पौधे झूम-झूमकर हवा में नाच रहे हैं। बरगद, नीम, इमली, आँवला, खजूर, अमरूद, आम, कटहल, जामुन तथा खैर इत्यादि के पौधे प्रचुर मात्रा में हैं। यह कायाकल्प कुछ ही वर्षों में हुआ है। कैसे?

इस परिवर्तन के पीछे केवल एक इनसान की मेहनत है। उस व्यक्ति का नाम बापू कलमारकर है। वे पुणे में टेल्को कंपनी में काम करते हैं। जब कलमारकर तथा उसके गाँव के कुछ लोगों को पता चला कि सरकार इस पहाड़ी की हदबंदी करने पर विचार कर रही है तो उन्होंने पहाड़ी को बचाने के लिए नई तरकीब निकालने पर मिलकर विचार किया। बंजर भूमि की तुलना में वन्य भूमि को बचाने के लिए पुनः वन लगाने का फैसला लिया। उन्होंने गड्ढे खोदकर हाथों से बाँध बनाने शुरू कर दिए। उन बाँधों में बरसात का पानी भरकर आसानी से पौध लगाई गई। वे बाँध स्थानीय रूप से उपलब्ध छोटे पत्थरों से बनाए गए, ताकि यह पक्का किया जा सके कि बरसात के पानी की एक-एक कीमती बूँद पुनः धरती को मिल रही है।

तब कुछ लोगों ने मिलकर संगठन बनाया। उन लोगों ने धन इकट्ठा करके पौध लगाई। वे सप्ताह के अंत में कार्य करते थे तथा घंटों तक गड्ढे खोदने के बाद पानी के जलाशय बनाए जाते थे।

प्रत्येक जलाशय के पास खाली तेल के डिब्बे और पेंट की बालटियाँ रखी गईं, ताकि आसपास के अपार्टमेंट के लोग, यहाँ तक कि सुबह सैर करनेवाले लोग, पौधों को पानी से सींच सकें। ऐसे अनेक लोगों के लिए यह 'हरित तीर्थ यात्रा' थी, जो पौधों को इसी प्रकार से सींचा करते थे; जैसे लोग आवारा कुत्तों को खाना खिलाते हैं। यह प्रयास ऐसी आत्माओं का सुखद मिलन था, जो खुशहाली व हरियाली से प्यार करते हैं।

जब बंजर पथरीली पहाड़ी देखते-देखते बदलने लगा, तब अधिकाधिक लोग

इस मुहिम में शामिल होने लगे। यह आंदोलन केवल बनेर गाँव के लोगों तक ही सिमटा नहीं रह गया। आस-पास के अपार्टमेंट में रहनेवाले लोग भी हाथ बँटाने लगे। उनमें से कुछ ऐसे लोग भी थे, जिन्होंने उच्च शिक्षा प्राप्त कर रखी थी तथा एक्ज़ीक्यूटिव स्तर के ओहदों पर आसीन प्रोफेशनल थे। अपने कॉरपोरेट स्तर पर जिम्मेदारी की दृष्टि से पहल करने के रूप में वे 'बनेर हिल' को हरा-भरा बनाने में योगदान दे रहे थे।

अमेरिकी राजनेता कॉलिन पावेल के अनुसार—"कोई सपना जादू या चमत्कार से साकार नहीं होता। इसके लिए परिश्रम एवं संकल्प-शक्ति की जरूरत है…।" इसका फंडा यही है कि आप में वह आग होनी चाहिए कि अकेले होने पर भी आप किसी पहाड़ को बचा सकें। पूरा समाज आपके पीछे चलेगा।

□

प्यार करना सीखें

लॉरेंस एंथनी (सन् 1950–2012) दक्षिण अफ्रीका में जाना-माना नाम है। उन्होंने तीन पुस्तकें लिखी हैं, जिनमें उनकी सर्वश्रेष्ठ कृति 'दि एलीफेंट व्हिस्परर' शामिल है, जिसमें वन्य जीवन को समूचे विश्व स्तर पर मानव अत्याचारों से बचाया गया तथा उन्हें पुन: बसाया गया। इसमें सन् 2003 में अमेरिकी आक्रमण के दौरान बगदाद चिड़ियाघर के जानवरों को बचाने का प्रयास भी शामिल है। 7 मार्च, 2012 को लॉरेंस एंथनी की मृत्यु हो गई। वे अपने पीछे पत्नी, दो बेटे और दो पोते तथा अनेक हाथी छोड़ गए।

उनकी मृत्यु के दो दिन बाद जंगली हाथी उनके घर पर आए। झुंडों का नेतृत्व दो हथिनियाँ कर रही थीं। अलग-अलग झुंड में हाथी अपने प्रिय मित्र को अलविदा कहने दूर-दूर से आए थे। कुल 42 हाथी धैर्यपूर्वक 12 मील की दूरी तय करके दक्षिण अफ्रीका में उनके घर पर आए। लोग यह देखकर विस्मित थे। लॉरेंस की पत्नी फ्रेंकायस खासतौर पर यह जानकर द्रवीभूत हो उठीं कि लगभग एक साल पहले उसके घर में हाथी नहीं थे; फिर भी वे जानते थे कि उन्हें कहाँ जाना है। स्पष्ट है, हाथी अपने जीवन-रक्षक, इस मित्र के सम्मान में श्रद्धांजलि देना चाहते थे। इतना सम्मान कि वे दो दिन-दो रात रुके। फिर एक सुबह वे घर की ओर लौट आए।

मुझे एक और घटना याद है। केरल के मंदिर में एक हाथी था। सामान्यत: वह शांत रहता था। लेकिन एक दिन गुस्से में उसने अपने महावत को उठाकर जमीन पर पटक दिया और मार डाला। अपने मालिक का शव देखकर वह बहुत परेशान हो गया। अपराध-बोध तथा दु:ख के सागर में डूबा हाथी होश में आने पर महावत के पास खड़ा हो गया। वह किसी को भी उसके पास फटकने नहीं दे रहा था और लगातार आँसू बहा रहा था। इसके बाद उसने खाना-पीना छोड़ दिया। वह भूखा रहने लगा और जल्दी ही मर गया।

उस पालतू हाथी ने ऐसे व्यक्ति के प्रति संवेदनशीलता और प्यार की भावना

व्यक्त की, जो उसकी देखभाल करता था। दुर्भाग्यवश, हम मनुष्य ऐसे उदाहरणों का अनुसरण नहीं करते, न ही जीवों के प्रति ऐसा प्यार दरशाते हैं।

अमेरिकी एक्टिविस्ट मार्टिन लूथर किंग जूनियर के शब्दों में—"अँधेरे से अँधेरा दूर नहीं होता। केवल प्रकाश से ही ऐसा हो सकता है। नफरत से नफरत दूर नहीं हो सकती, केवल प्यार से ही इसे दूर किया जा सकता है।" किसी के प्रति सच्चा प्यार या स्नेह छिपाए नहीं छिपता। प्यार करो, प्यार पाओ।

□

लघुता से प्रभुता मिले

किरयाना स्टोर पर नौकरी के लिए दो उम्मीदवारों का चयन हुआ था। पहले ही दिन मैनेजर ने हाथ में झाड़ू थमाते हुए कहा, ''मैं फर्श पर झाड़ू लगवाना चाहता हूँ।''

अब उम्मीदवारों के जवाब पर ध्यान दें—

उम्मीदवार 1 : ''सर, सॉरी, यदि आप रोजाना मुझसे झाड़ू लगवाना चाहते हैं तो मैं आपको निराश नहीं करना चाहता हूँ। मैं जिस परिवार में पैदा हुआ हूँ, वहाँ तीन नौकर हैं। मैंने रिटेल मैनेजमेंट में एम.बी.ए. किया है और मैं मैनेजर का कार्य समझता हूँ या रिटेल स्टोर में मैनेजिंग का कार्य कर सकता हूँ। निश्चित रूप में, मैं यहाँ फर्श बुहारने नहीं आया। मेरे खयाल में, मेरे और आपके संगठन के बीच तालमेल नहीं हो पाएगा। मैं आपको गुडबाय कहना चाहता हूँ।'' और वह चला गया।

उम्मीदवार 2 : पहले उम्मीदवार का जवाब सुनने के बाद वह घबरा गया। पहले उसने उस उम्मीदवार की तरह जगह छोड़ने का विचार बनाया। वह उसका अच्छा मित्र था। फैसला लेने से पहले उसके मित्र ने उसे दो एस.एम.एस. भी भेजे। एस.एम.एस. में लिखा था—'क्या तुम अभी भी ऐसी गंदी जगह पर काम करना चाहते हो?'

लेकिन दूसरे उम्मीदवार ने चुपचाप झाड़ू पकड़ा तथा फर्श साफ करना शुरू कर दिया। उसके दिमाग में यही खयाल था—पहले मैं यह देख लूँ कि ये लोग वास्तव में चाहते क्या हैं? जब कॉलेज में मेरी सीनियर्स ने रैगिंग की थी, तब भी मैंने ऐसा ही किया था। तो अब क्या हर्ज है? दूसरे उम्मीदवार को मैनेजर ने जो-जो कहा था, उसने वही सारा काम कर दिया।

लंच के बाद उसे बुलाया गया और उसी बॉस ने बताया कि अगले दिन से उसे झाड़ू लगाने की भी जरूरत नहीं है तथा उसे मात्र परखा गया है कि अचानक जरूरत पड़ने पर क्या वह हाउस कीपिंग विभाग के कर्मचारी की प्रतीक्षा किए बिना फर्श पर साफ-सफाई कर पाएँगे? अगले छह माह में वह स्टोर मैनेजर बन गया, क्योंकि उसने

हर काम किया तथा उसे काम करना आ भी गया। इससे वह स्टोर सँभालने में सक्षम हो गया। आज वह नए उम्मीदवारों को झाड़ू थमाता है तथा ड्यूटी के पहले दिन झाड़ू लगाने के लिए कहता है।

स्पष्ट है कि यदि जीवन के सभी उपहार शेल्फ में रखे हैं—एक के ऊपर एक, तो सबसे बड़ा तोहफा वही है, जो सबसे नीचे रखा है। इसलिए, झुककर हम जीवन के सर्वोत्तम उपहार पा सकते हैं। प्रख्यात इतालवी चित्रकार लियानार्डो द विंची ने कहा है—''सादगी में विवेक व सुविज्ञता छिपी है।'' हम तब तक खुश नहीं हो सकते, जब तक हम सादगी और सेवा का मूल्य नहीं जान पाते।

□

मूल्यवान् वस्तुओं पर नहीं, मूल्यों पर ध्यान दें

सन् 1986-87 की कहानी। बरसों पहले बृहन् मुंबई नगर निगम (बी.एम.सी.) में जी.आर. खैरनार नामक उपनगरायुक्त थे। लगभग 50 वर्ष तक इस पद पर अनेक अधिकारी कार्य कर चुके थे, लेकिन कोई भी व्यक्ति इतनी कामयाबी हासिल नहीं कर पाया था, जितनी खैरनार को मिली थी। सवाल उठता है कि खैरनार ने ऐसा क्या किया था?

उन्होंने सिर्फ अपनी ड्यूटी निभाई थी। उन्होंने सपनों के शहर मुंबई में पनपी ऐसी गैर-कानूनी इमारतों को गिराया था, जो बहुत पहले हटा दी जानी चाहिए थीं। यहाँ स्लम क्षेत्र बने हुए थे, क्योंकि इन्हें स्लम के दादाओं के साथ मौन स्वीकृति के रूप में राजनीतिक प्रश्रय मिला हुआ था। खैरनार ने आते ही यह फैसला लिया कि चाहे कितनी भी कीमत क्यों न चुकानी पड़े, वे हर कार्य अवश्य करेंगे। शीघ्र ही खैरनार हीरो बन गए तथा अपने रिटायरमेंट तक हीरो ही बने रहे। खैरनार ने यह संदेश दिया था—'यदि किसी में इच्छा-शक्ति हो तो कानून लागू करना मुमकिन है।'

सन् 2012 की कहानी—42 वर्षीय चीनी महिला ने एक करोड़पति से शादी की तथा वह दक्षिण-पश्चिम में साइचिन प्रांत के चेंग्दु में 'अमीर लोगों को कैसे आकर्षित करें' विषय पर कक्षाएँ लेती थी। वह 1,570 डॉलर फीस लेती थी तथा पाठ्यक्रम के दौरान अमीर पुरुषों के साथ मुलाकात करवाने का वायदा भी करती थी।

वह सिखाती थी कि कैसे अमीर पुरुषों को आकर्षित किया जाए। उनके साथ कैसे 'डेट' पर जाना चाहिए। उनके साथ कब घनिष्ठ संबंध बनाए जाएँ तथा कब और कैसे उनसे उपहार लिया जाए। उस पाठ्यक्रम में यह सिखाया जाता था कि किस तरह से रेस्तराँ में महँगे खाने का ऑर्डर न दिया जाए तथा कैसे और क्यों अमीर पुरुष शिक्षक वर्ग, डॉक्टर तथा सिविल सर्वेंट को तरजीह देते हैं; क्योंकि निजी आदतों की दृष्टि से इनकी साफ छवि होती है।

पच्चीस वर्ष पहले समाज इस बात की सराहना करता था कि आपने क्या किया,

आप कार्य-स्थल पर कैसे कार्य करते हैं। यदि आप गलत के खिलाफ सही के लिए लड़ते हैं तो लोग आपको मसीहा कहते हैं, आपका सम्मान करते हैं; क्योंकि आप जी.आर. खैरनार जैसे उभरते अधिकारी हैं। दुर्भाग्यवश, आज हमारा समाज भौतिकवादी मूल्यवान् वस्तुओं की कद्र करता है, तब हमें यह देखकर हैरान नहीं होना चाहिए कि युवा पीढ़ी मूल्यवान् चीजों के पीछे भागती है, न कि मूल्यों के पीछे।

महात्मा गांधी ने कहा था—''आपकी आदतें ही आपका मूल्य बन जाती हैं। आपका मूल्य आपकी नियति बन जाती है।'' महत्त्वपूर्ण तथ्य यह है कि हमें युवा पीढ़ी के मन में बहुमूल्य वस्तुओं की बजाय मूल्यों के प्रति लगाव उत्पन्न करना चाहिए। भौतिक सुख के पीछे भाग रही युवा पीढ़ी पर दोष मढ़ना व्यर्थ है। वे वही कर रहे हैं, जो हमने उन्हें सिखाया है।

□

सीखने की ललक जगाएँ

स्विट्ज़रलैंड की यात्रा के दौरान मैं अपने लिए पाव खरीदने गया। मुझे वहाँ पता चला कि कोई भी ब्राउन ब्रेड नहीं बेचता। मैंने मैदा या व्हाइट ब्रेड के बारे में पूछा। दुकानदार मुझे देखकर हैरान था, मानो मैं कोई अनपढ़-गँवार व्यक्ति हूँ। उसने मुझे बताया कि मैदा या व्हाइट ब्रेड से क्यों बचना चाहिए। उस दिन मैंने महसूस किया था कि हम कितनी सहजता से 'ब्रेड' खाते हैं। लेकिन ब्रेड के एक टुकड़े या पीस में भी कितनी जानकारी छिपी है।

दुकानदार ने बताया कि स्विस सरकार दशकों से मैदा या व्हाइट ब्रेड के खतरे से लोगों को सचेत करती आ रही है, ताकि लोग ऐसी 'ब्रेड' खाना बंद कर दें। स्विट्ज़रलैंड ने व्हाइट ब्रेड खरीदने पर कर लगा रखा है। यह कर का पैसा बेकर्स को दे दिया जाता है, ताकि वे आटे की ब्रैड की कीमत कम रखें। इससे लोगों को यह ब्रेड खाने के लिए प्रोत्साहन मिलेगा। कनाडा की सरकार पहले से ही ऐसा बिल पास कर चुकी है, जिसमें नकली विटामिन के साथ व्हाइट ब्रेड बनाने पर रोक लगा दी गई है। ब्रेड में अन्न में पाए जानेवाले प्राकृतिक विटामिन होने चाहिए, न कि नकली विटामिन। उसने यह भी बताया कि व्हाइट ब्रेड में इस्तेमाल किया जाने वाला आटा रसायनों से ब्लीच किया जाता है, जैसे आपके कपड़े ब्लीच किए जाते हैं। जब आप व्हाइट ब्रेड खाते हैं, तब रसायन ब्लीच की शेष मात्रा भी आपके पेट में चली जाती है। एक ब्लीच एजेंड क्लोराइड ऑक्साइड प्रोटीन के साथ बना रहता है। इससे एलोक्सन उत्पन्न होता है। एलोक्सन एक विष है। प्रयोगशाला में यह पशुओं में डायबिटीज के लिए इस्तेमाल किया जाता है। क्लोराइड ऑक्साइड गेहूँ की महत्त्वपूर्ण चिकनाई कम कर देता है। इससे आटा जल्दी खराब हो जाता है।

उसने बोर्ड की ओर संकेत किया, जिस पर लिखा था—'आपको व्हाइट ब्रेड में पोषक तत्त्व नहीं मिलते, क्योंकि यह बेजान होती है।' दुकानदार ने बताया कि व्हाइट ब्रेड में पोषक तत्त्व नष्ट हो जाते हैं। इसमें लगभग 5 प्रतिशत कैल्शियम, 70 प्रतिशत

फॉस्फोरस, 80 प्रतिशत लौहा, 98 प्रतिशत मैग्नेशियम, 75 प्रतिशत मैगनीज, 50 प्रतिशत पोटैशियम तथा 65 प्रतिशत ताँबा नष्ट हो जाता है। यहाँ तक कि 80 प्रतिशत मिथामिन, 60 प्रतिशत रिबोफ्लोविन, 75 प्रतिशत नियासिन, 50 प्रतिशत पेंटोथेनिक एसिड तथा 50 प्रतिशत पायराइडोक्सिन समाप्त हो जाते हैं। उस दिन व्हाइट ब्रेड और ब्राउन ब्रेड के बारे में जानकारी कई गुना बढ़ गई।

उस दिन मैंने यह सीखा कि यदि आप में कुछ नया सीखने की जिज्ञासा है तो आप ब्रेड के पीस से भी बहुत कुछ सीख सकते हैं। अमेरिकी लेखक, फ्रैंक मूरे कोल्वी—"प्रत्येक व्यक्ति को दिन भर प्रत्येक घंटे अपनी जिज्ञासा बरकरार रखनी है।" बेकार की चीजों से भी आप बहुत कुछ सीख सकते हैं। इसलिए सीखने के लिए हमेशा तैयार रहें।

□

धार्मिक ग्रंथों से शुद्धि

किसी पहाड़ी क्षेत्र में एक बूढ़ा किसान अपने पोते के साथ रहता था। वह रोज सुबह 'भगवद्गीता' पढ़ता था। उसका पोता उसके जैसा बनना चाहता था। उसने अपने दादा का अनुकरण करने के लिए हर तरह से कोशिश की।

एक दिन पोते ने उनसे पूछा, "दादाजी, मैं ठीक आपकी तरह भगवद्गीता पढ़ने की कोशिश करता हूँ। लेकिन मैं इसे समझ नहीं पा रहा। जैसे ही यह पुस्तक बंद करता हूँ, सब भूल जाता हूँ। भगवद्गीता पढ़ने का फिर फायदा ही क्या?"

किसान अँगीठी में कोयले डाल रहा था। वह चुपचाप मुड़ा और बोला, "कोयले की टोकरी से कोयला नदी में डाल दो और टोकरी में पानी भर लाओ।"

जैसा कहा गया था, लड़के ने वैसा ही कर दिया। लेकिन जब घर पहुँचा तो टोकरी खाली थी। हाँफते हुए उसने दादाजी को बताया कि टोकरी में पानी भरकर लाना नामुमकिन है, इसकी बजाय वह बालटी लेकर चला जाता। बूढ़े व्यक्ति ने कहा, "मुझे बालटी में पानी नहीं चाहिए। मुझे एक टोकरी पानी चाहिए। तुम ठीक से कोशिश ही नहीं कर रहे।"

वह लड़का दोबारा कोशिश करने लगा।

अब लड़का जानता था कि ऐसा करना नामुमकिन है, लेकिन वह अपने दादा को दिखाना चाहता था कि यदि वह भरसक तेजी से दौड़कर पानी लाता है, तब भी घर तक आते-आते पानी बह जाएगा। लड़के ने दोबारा टोकरी नदी में डाली। तेजी से दौड़ा। लेकिन जब वह दादा के पास पहुँचा, टोकरी खाली थी। उसने कहा, "दादाजी, देखें, सब बेकार चला गया!"

बूढ़े व्यक्ति ने कहा, "तो तुम सोचते हो कि सब बेकार चला गया? टोकरी को ध्यान से देखो।"

लड़के ने टोकरी को देखा। पहली बार महसूस किया कि टोकरी कुछ अलग सी दिखाई दे रही है। वह कोयले की गंदी सी पुरानी टोकरी थी। लेकिन पानी में बार-बार

डुबोने के बाद भीतर-बाहर से साफ हो गई है।

"बेटे, जब आप भगवद्गीता पढ़ते हैं, तब यही होता है। हो सकता है, आप इसे समझ न पाएँ या आपको कुछ भी याद न रहे; लेकिन इसे आप जब पढ़ते हैं, तब आप भीतर-बाहर से शुद्ध व पवित्र हो जाते हैं।"

हमारे जीवन में धार्मिक ग्रंथों का यही महत्त्व है।

"जीवन में बदलाव वस्तुतः हमारे मन में होता है। इसलिए अपने मन को शुद्ध रखें। व्यक्ति जैसा सोचता है, वैसा ही बन जाता है। यह शाश्वत रहस्य है।" भगवद्गीता।

धार्मिक ग्रंथों को पढ़ने से जीवन में ऐसा ही बदलाव आता है। ऐसा करके धीरे-धीरे जीवन के रहस्य की परतें खुलती हैं।

□

भारत का अन्य रूप

मुझे याद है कि एक बार एक्सचेंज कार्यक्रम में कुछ विदेशी छात्र भारत आए थे। उस समय मुझे उनसे मिलने का अवसर प्राप्त हुआ। मैंने उनसे पूछा कि आप भारत के बारे में क्या महसूस करते हैं। उनमें से अधिकांश ने कहा, ''आपके टी.वी. कार्यक्रम देखने पर ऐसा लगता है कि भारत चालबाज, चोरों, हत्यारों, आतंकवादियों, छेड़खानी करनेवालों, भ्रष्ट पुलिस, भ्रष्ट राजनीतिज्ञों तथा वहशी लोगों का देश है, जो भड़ककर प्रतिक्रिया करते हैं।''

मेरे दिमाग में यह सवाल आया—'क्या यही भारत है, जो हम चाहते हैं?'

मैं छात्रों के साथ बैठ गया तथा उन्हें अपने देश में घटित हो रही सुखद घटनाएँ बताने लगा।

मैंने बताया कि यहाँ साधारण लोग भी असाधारण कार्य कर रहे हैं। जैसे पुणे के कुछ तकनीशियनों ने पहाड़ी को बचाने के लिए पेड़-पौधे लगाए, 70 वर्षीय बुजुर्ग महिला ने आवारा कुत्तों के लिए अपने घर का दरवाजा खोल दिया। भारत ऐसे लोगों का देश है, जहाँ 19 वर्षीय बेटे की कैंसर से मृत्यु हो जाने पर पिता बेघर बच्चों के लिए घर बनवाने पर बेटे की बीमा राशि खर्च कर देता है। यहाँ 75 वर्षीय वैज्ञानिक है, जो हर जगह साइकिल पर जाता है; क्योंकि उसे शहर की सड़कों पर एक और कार चलाने या उतारने से नफरत है, क्योंकि यहाँ वायु प्रदूषण हदें पार करता जा रहा है।

मैंने उन्हें बताया कि भारत ऐसी महिलाओं का देश है, जो एक पैसा लिये बिना नौकरानी के बच्चों को संगीत सिखाती हैं। ऐसे युवा प्रोफेशनल दंपती हैं, जो सोसाइटी के चौकीदार के बच्चों की शिक्षा का खर्च उठाते हैं। चौकीदार की पत्नी हमारे परिवार का हिस्सा बन चुकी है। अपनी थोड़ी सी आमदनी से जितना पैसा बचा सकते हैं, उससे उसके तीन बेटों की कॉलेज की पढ़ाई चल रही है।

''यह हमारा भारत है। भारत, जो हमारे चारों ओर विद्यमान है। यह ऐसी जगह है, जहाँ लोगों को हँसना आता है, जीवन की आपाधापी में साधारण लमहों में से भी

खुशी निचोड़ लेते हैं, भले ही उनकी जिंदगी भी नीरस हो।" यह कहते हुए मेरे चेहरे पर मुसकान थी।

कभी-कभी हमें इस भारत के लिए भी जश्न मनाना चाहिए, जहाँ अच्छाई की बुराई पर विजय होती है, जहाँ जीवन मात्र शिकायतों से ही नहीं भरा है। जर्मन विद्वान् मैक्समूलर ने कहा है—"यदि मुझसे पूछा जाए कि किस आकाश के नीचे मानव मन उपहार लेकर पूर्णत: प्रफुल्लित होता है, जीवन की समस्याओं का समाधान मिलता है, तो मैं भारत की ओर संकेत करूँगा।"

आइए, अपने बच्चों को ऐसा भारत दिखाएँ, ताकि जब वे बड़े हों, तब उन्हें पता चले कि यहाँ आशा व आनंद का संचार होता रहता है।

□

शारीरिक विकास की दिशा में बच्चों को प्रेरित करें

क्या आपने कभी अपने बच्चों पर एम.आई.एस. (प्रबंधन सूचना प्रणाली) लागू की है? वह पूरे सप्ताह का समय कैसे बिताते हैं? आपको उनकी कार्य-प्रणाली में रोचक जानकारी मिलेगी। उदाहरण के लिए, उनके पास एक हफ्ते में 168 घंटे होते हैं (मुझे यकीन है कि अनेक लोगों ने इतने समय या अवधि के बारे में सोचा भी नहीं होगा)। यदि वे रोजाना 8 घंटे सोते हैं (इतनी नींद जरूरी होती है), तब 56 घंटे सोने में चले गए। अब शेष 112 घंटे रहे। 6 घंटे रोजाना बच्चा स्कूल में रहता है, यदि छह दिन स्कूल जाता है, तो 36 घंटे स्कूल की पढ़ाई में चले गए। अब बचे 74 घंटे; हालाँकि यह दूरी पर निर्भर करता है, फिर भी स्कूल जाने-आने में कम-से-कम 8 घंटे खप जाते हैं। शेष 66 घंटे रह जाते हैं।

मोटे तौर पर, रोजाना 2.30 घंटे के हिसाब से प्रति सप्ताह कुल 15 घंटे होमवर्क में लग जाते हैं। अब बच्चे के पास मात्र 51 घंटे हैं। ब्रुश करने, नहाने, खाने, खिड़की से बाहर यूँ ही देखते हुए हफ्ते के सात दिनों में 21 घंटे चले जाते हैं। अब बच्चे के पास 30 घंटे प्रति सप्ताह का समय है।

ऐसे में इस दृश्य-पटल पर खलनायक का प्रवेश होता है। आपका बच्चा कितनी देर तक टेलीविजन देखता है? कामकाजी दंपती के घर में बच्चा प्रति सप्ताह 20 से 26 घंटे टी.वी. देखता है। इसमें मोबाइल फोन से खेलना तथा टी.वी. या अन्य वीडियो गेम्स भी शामिल हैं। अब बच्चे के पास खेलने के लिए मात्र 4 घंटे हैं। अब बताएँ, आपकी राय में बच्चे के पास शारीरिक विकास के लिए कितना समय है? दूसरी तरफ से आँकड़े देखें। जब इस पीढ़ी के बच्चे दूसरी कक्षा में पहुँचते हैं, तब सर्वेक्षण के मुताबिक कम-से-कम 30 प्रतिशत से भी ज्यादा बच्चे 20 वर्ष पीछे रहे जाते हैं। वे एक हफ्ते में मात्र 4 घंटे खेल पाते हैं। आप उनसे क्या उम्मीद लगा सकते हैं।

मुझे याद है, जब मैं बच्चा था, मेरे परिवार ने टेलीविजन सैट न खरीदने का सोच-समझकर फैसला लिया था। जब देश में केवल टी.वी. ने धावा बोला ही था, तब रिटायर्ड फौजी अफसर मेरे दादाजी यह 'मूर्खों का डिब्बा' न खरीदने पर अड़े रहे, क्योंकि "आप बच्चों पर कहाँ तक नजर रख सकते हैं?"

स्पष्ट है, मैं ऐसे जीवन की हिमायत नहीं करता, जहाँ टी.वी. का नामो-निशान नहीं है। मैं समझता हूँ कि यह जानकारी प्राप्त करने और मनोरंजन का महत्त्वपूर्ण स्रोत है। मैं यहाँ इस बात पर जोर डालने की कोशिश कर रहा हूँ कि व्यक्ति को बच्चों में निर्णय लेने की क्षमता विकसित करने का प्रयास करना चाहिए, जहाँ वे आलसी और शारीरिक रूप से भली प्रकार विकसित व्यक्ति में अंतर कर सकें। "खुद को बदलो, भाग्य भी आपके मुताबिक बदल जाएगा।" इस पुर्तगाली कहावत के बारे में सोचें।

□

एक आसरा छूटता है तो दूसरा मिल जाता है

सन् 1995 में मोहम्मद अब्दुल्ला दलाल खुश थे कि उनकी पत्नी ने बेटी को जन्म दिया था। गर्व से उन्होंने उसका नाम 'जैनब' रखा। इसका अर्थ है—गौरवशाली की पुत्री। नन्ही जैनब दलाल के माँ-बाप नहीं जानते थे कि उनकी नन्ही परी अपना नाम नहीं सुन सकती। उसने कभी भी किसी आवाज या ध्वनि के प्रति कोई प्रतिक्रिया नहीं की। वह कभी एक शब्द भी नहीं बोल पाई। इसका उसकी वाणी पर भी असर पड़ा था। तीन वर्ष की लड़की हमेशा कागज का टुकड़ा थामे बैठी रहती और उस पर चुपचाप ड्राइंग बनाती रहती। जो देखती थी, वही चित्र में ढालती रहती। यद्यपि वह इससे चित्र कला में और अधिक पारंगत हो गई; लेकिन उसके बोलने और सुनने की शक्ति के बारे में चिंता मँडराती रही। इससे उसके माँ-बाप हिल गए, लेकिन उन्होंने आस नहीं छोड़ी। इलाज के अलावा उन्होंने अपनी बेटी को मुंबई में बहरों की शिक्षा से जुड़ी सेंट्रल सोसाइटी में भेजा।

परंतु जैनब चाहती थी कि उसके पिता उस पर गर्व करें। उसने अपने माँ-बाप को बताया कि वह नियमित या सामान्य स्कूल में जाना चाहती है। उसने इतनी मेहनत की कि उसे वर्तमान स्कूल से ऐसा सर्टिफिकेट मिल सके, जिसमें यह प्रमाणित किया गया हो कि 'वह नियमित स्कूल में पढ़ सकती है।' लेकिन यह मार्ग बहुत कठिन था। प्रत्येक प्रिंसिपल ने उसके लिए स्कूल के दरवाजे बंद कर दिए।

वह आस छोड़ चुकी थी। तभी सन् 2004 में स्थानीय मीडिया ने पदार्पण किया। उनकी जद्दोजहद से उसे मुंबई के 'यंग लेडीज हाई स्कूल फाउंडेशन' नामक प्रतिष्ठित स्कूल में दाखिला मिल गया।

तब एक और जंग छिड़ गई। स्कूल टीचर्स जान रहे थे कि उन्हें जैनब की क्लास में जाकर बोर्ड पर हर बात लिखनी होगी, क्योंकि जैनब सुन नहीं सकती। अन्य विद्यार्थी महसूस करते थे कि कक्षा में बहुत धीमी गति से पढ़ाई हो रही है। टीचर्स के सामने कठिन दौर चल रहा था। लेकिन जैनब की दो सहेलियाँ महविश तथा नगमा क्लास के

बाद उसकी मदद करती थीं। सन् 2012 में जैनब ने एस.एस.सी. में 75.67 प्रतिशत अंकों के साथ परीक्षा उत्तीर्ण की। प्रत्येक व्यक्ति को उस पर गर्व था। अधिक ऊँचाइयाँ छूने के लिए रास्ता खुल चुका था।

"आशावादी हर परेशानी में अवसर की तलाश करता है।" ब्रिटेन के पूर्व प्रधानमंत्री विंस्टन चर्चिल। "यह आप पर निर्भर करता है कि हम किसी अवसर से कितना और कैसे लाभ उठाते हैं।"

□

न्याय के लिए लड़ें

सौरभ कुमार उर्फ छबीला पासवान गरीब दलित है। वह बिहार में पटना के पास वैशाली जिले में स्थित हलैया गाँव में रहता था। वह भूमिहीन किसान था और सरकारी मानदंडों के अनुसार स्वयं तथा अपने परिवार की खातिर थोड़ी सी जमीन लेने का प्रयास कर रहा था। जैसे ही स्थानीय 'दादा' लोगों को पता चला, वे उसे तथा उसके परिवार को धमकियाँ देने लगे। पासवान ने दावा किया कि वे उसे गाँव से खदेड़ने की चेष्टा कर रहे हैं। धमकी के कारण उसे पुलिस की मदद लेनी पड़ी तथा उसे उच्च एवं शक्तिशाली वर्ग के खिलाफ शिकायत दर्ज कराने के लिए थाने में जाना पड़ा।

वहाँ उसे सिपाहियों के सामने अग्नि-परीक्षा देनी पड़ी। उसे घंटों थाने के बाहर बिठाकर रखा गया। फिर उसे बताया गया कि थाने का इंस्पेक्टर जरूरी सरकारी काम से चला गया है तथा उसे अगले दिन आने के लिए कहा गया। कुछ दिनों तक ही सिलसिला चलता रहा। जब उन्होंने देखा कि पासवान तो मान ही नहीं रहा तो थानेदार ने उसे भीतर बुलाया और उसकी पूरी कहानी सुनी। उसकी बात सुनने के बाद थानेदार ने 1,000 रुपए की रिश्वत माँगी। लेकिन जब पासवान ने मना कर दिया तो थानेदार ने साफ-साफ बता दिया कि यदि वह सरकारी नियमों के बारे में नहीं जानता तो उसे कानून की मदद लेनी चाहिए।

पासवान घर चला गया तथा उसने इश्तहार छापे। उनमें बताया गया कि वह क्यों गिड़गिड़ा रहा है, गली-गली भीख माँग रहा है। उसके साथ उसकी बीवी और बच्चे भी थे। उच्च एवं शक्तिशाली लोगों के साथ निपटने का उसका यह नायाब तरीका था। वह स्थानीय लोगों के आकर्षण का केंद्र बन गया। वे भी सरकारी अधिकारियों को रिश्वत देने के लिए उसके साथ भीख माँगने लगे। 1,000 रुपए की रकम इकट्ठी करके पासवान डाकखाना गया। उसने 100 रुपए के 10 पोस्टल ऑर्डर खरीदे तथा बंद लिफाफे में स्पीड पोस्ट से मुख्यमंत्री को भेज दिए। उसमें उसने अपना प्रार्थना-पत्र भी डाला, जिसमें विस्तार से ऐसा करने के कारण बताए गए। उसने मुख्यमंत्री नीतीश कुमार से

अनुरोध किया कि उस भ्रष्ट अधिकारी को यह रकम दे दें, जिसने उससे रिश्वत माँगी थी। साहसपूर्वक पासवान न्याय की खातिर डटा रहा तथा विजयी रहा।

अमेरिकी सिविल अधिकारों के समर्थक जेसी जैक्सन ने कहा है—"यदि मेरा दिमाग कुछ ग्रहण करता है और हृदय उसपर विश्वास करता है तो मैं जानता हूँ कि मुझे क्या हासिल करना है।" इस कहानी का संदेश यही है कि व्यवस्था और भाग्य को कोसने की बजाय कोई तरकीब निकालें। इससे आप बुलंदी तक ही नहीं पहुँचेंगे, बल्कि हीरो भी बन सकते हैं।

□

अपनी इच्छा-शक्ति जगाए रखें

ककराम मीणा अनुसूचित जाति का व्यक्ति था। वह जयपुर शहर के टोंक रोड पर स्थित गांधी नगर की आई.ए.एस. कॉलोनी का चौकीदार था। वह अलग-अलग आई.ए.एस./आई.पी.एस. बँगलों में 20 वर्षों से काम करता आ रहा था। चौकीदार होने के नाते उसे आई.ए.एस. अधिकारी के यहाँ से रोज ड्यूटी ऑर्डर दिए जाते थे। वह हमेशा अधिकारियों के तौर-तरीकों से प्रभावित होता था। कैसे वे अधीनस्थों से बात करते हैं, बच्चों से बरताव करते हैं। बूढ़ा व्यक्ति हमेशा यह सपना देखता था कि उसका बेटा प्रह्लाद नारायण या तो आई.ए.एस. अधिकारी बने या आई.पी.एस. अधिकारी। दुर्भाग्यवश, उसकी नियति ने कुछ और ही सोच रखा था। सन् 1995 में उसकी मृत्यु हो गई। प्रह्लाद उस समय सातवीं कक्षा में पढ़ता था।

पिता की आकस्मिक मृत्यु से वह समय से पहले ही वयस्क हो गया और उसे जयपुर से 40 कि.मी. दूर अपने गाँव रामपुरा लौटना पड़ा। उसकी माँ ने अपने पति का सपना सँजोए रखा। वह लगातार प्रह्लाद को याद दिलाती रहती थी कि उसका मकसद क्या है। लेकिन वित्तीय कठिनाइयों के कारण प्रह्लाद को काम पर जाना पड़ा, जिसका उसकी पढ़ाई पर भी असर पड़ा।

तभी उसकी मदद के लिए उसके जीजाजी सामने आए। वे जयपुर सचिवालय में काम करते थे। उन्होंने आगे की पढ़ाई के लिए प्रह्लाद की मदद करनी शुरू कर दी। एक प्राइवेट स्कूल में उसका दाखिला कराया गया। प्रह्लाद का ध्यान धीरे-धीरे पढ़ाई पर केंद्रित होने लगा। उसके ग्रेड में भी सुधार हुआ तथा 12वीं कक्षा में वह अव्वल रहा।

प्रह्लाद ने बी.ए. की पढ़ाई पूरी करके बी.एड. की डिग्री हासिल की। सन् 2008 में उसे दिल्ली सरकार के स्कूल में अंग्रेजी टी.जी.टी. की नौकरी मिल गई। इससे उसकी आर्थिक हालत सुधर गई। उसने अपनी माँ को अलग-अलग तीर्थ-यात्राओं पर भेजा। वे हमेशा से तीर्थ-यात्रा करने की इच्छा जाहिर करती थीं।

लेकिन प्रह्लाद के कष्टों का यहीं अंत नहीं हुआ। गाँव में कुछ लोगों ने उसकी थोड़ी सी जमीन भी हड़प ली। वह जानता था कि गाँव में इन 'दादाओं' से लड़ने का एकमात्र उपाय पुलिस अफसर बनना है। वह सिविल सेवा की परीक्षा में बैठना चाहता था। उसने इसकी तैयारी शुरू कर दी। अगस्त 2012 में वह पुलिस ट्रेनिंग के लिए मसूरी चला गया।

अमेरिकी लेखक थॉमस पार्कर बॉयड ने कहा है—"मनुष्य की उपलब्धि का आधार इच्छा-शक्ति होती है।" यदि आपके मन में लक्ष्य के प्रति आग धधकती रहती है तो आप आसानी से अपना सपना साकार कर सकते हैं। जब तक आप अपने गंतव्य तक नहीं पहुँचते, तब तक सपना साकार करने की भूख बनी रहनी चाहिए।

□

नया शिक्षा-मंत्र

लंदन के अनेक स्कूलों में ऐसी तकनीक अपनाई जा रही है, जिसे जानकर हममें से अधिकांश लोग असमंजस में पड़ जाएँगे। आप इसकी विशेषताओं से अभिभूत हो जाएँगे, क्योंकि इसमें स्वतंत्रता दी जाती है; लेकिन साथ ही आप इसे पसंद नहीं करेंगे, क्योंकि इससे आप परेशान हो जाएँगे। इसमें क्लास रूम को होम वर्क के माहौल में तथा होमवर्क को क्लास रूम में बदला गया है। इसका अर्थ है कि यहाँ बच्चों को स्कूल में होमवर्क करने तथा घर पर क्लास वर्क करने के लिए कहा जाता है। इस शिक्षण विधि को 'फ्लिप क्लास रूम फॉर्मेट' कहा जाता है।

भारत में मुंबई में सांताक्रूज में आर.एन. पोद्दार स्कूल है। इसे सन् 2012 में 'फ्लिप क्लास रूम फॉर्मेट' में बदला गया। इस फॉर्मेट में विद्यार्थियों का तमाम गृह-कार्य स्कूल में किया जाता है। जबकि रूम का पूरा पाठ्य विवरण घर पर किया जाता है। इस सिस्टम के भाग रूप में पारंपरिक शिक्षण की बजाय क्लास से बाहर ऑनलाइन पढ़ाई कराई जाती है तथा क्लास में होमवर्क कराया जाता है।

पारंपरिक स्कूल में अध्यापक पढ़ाता है तथा अधिकांशतः यह एक तरफा प्रक्रिया होती है। लगातार मॉनीटरन के कारण विद्यार्थियों को अपनी राय बनाने और बताने की अनुमति नहीं दी जाती। अध्यापक अपनी भाव-भंगिमा से क्लास को नियंत्रित करता है। यह स्कूल पहले से ही सभी विषयों के लेक्चरार तैयार करता है। अतः विद्यार्थी के साथ 'लिंक' जोड़ा जाता है। वह लॉग करके कंप्यूटर पर लेक्चर सुन सकता है। छात्र अपने सभी सवाल नोट करता है तथा टीचर के साथ क्लास में चर्चा करता है। इस शिक्षण विधि में विद्यार्थी को कक्षा में अधिक चर्चा करने की इजाज़त दी जाती है; जबकि पहले टीचर की ओर से एक तरफा प्रक्रिया चलती थी।

छह माह के लिए स्कूल में सातवीं कक्षा में इस विधि से अभ्यास कराया जाता है तथा सीखने की प्रक्रिया के आधार पर यहाँ नई प्रौद्योगिकी अपनाई गई है, जिसमें थोड़े-बहुत बदलाव किए गए हैं। इस प्रकार लेक्चर या तो वीडियो पर, इंटरनेट पर या

वीडियो कॉन्फ्रेंसिंग से दिए जाते हैं। अध्यापक कभी-कभी सामाजिक नेटवर्किंग साइट भी इस्तेमाल करते हैं, ताकि यह देखा जा सके कि उनके छात्रों के कौन-कौन से विषयों के बारे में सवाल हैं। इससे विद्यार्थी भी सहज रहते हैं तथा सोशल नेटवर्किंग साइट पर शिक्षक होने के कारण दोनों के बीच तालमेल बढ़ता है।

होमवर्क के बारे में छात्र-छात्राओं में यह भावना सामान्य रूप से पाई जाती है—'हम पर थोपा जाता है और हम खेल भी नहीं पाते।' फ्लिप क्लास रूम फॉर्मेट में होमवर्क मौज-मस्ती में किया जाता है और एक-तरफा लेक्चर अपनी जगह पर रहता है।

आयरिश कवि विलियम बटलर यीट्स ने कहा है—''शिक्षा कुंभ में जल भरने के समान नहीं है, बल्कि इससे ज्ञान की अग्नि सुलगाई जाती है।'' यदि आप स्कूल में आनेवाले प्रत्येक बच्चे के मस्तिष्क में 100 प्रतिशत शिक्षा अंतरित करना चाहते हैं तो आपको यह नई तकनीक और प्रक्रिया आजमानी पड़ेगी, ताकि युवा पीढ़ी की सीखने की योग्यता बढ़े।

□

कम पढ़े-लिखे भी बुद्धिमान होते हैं

30 वर्ष पहले यह घटना घटित हुई थी। प्रदीप शिंदे प्रमुख ट्रैक्टर कंपनी में मशीन ऑपरेटर के रूप में कार्य करता था। ऑपरेटर का नाम तथा कंपनी बदलकर बताई गई है। यह व्यक्ति एच.एस-सी. तक पढ़ा था। उस समय 11वीं कक्षा में स्कूल की अंतिम परीक्षा होती थी।

युवा शिंदे ने फैक्टरी में अभी काम करना शुरू ही किया था। यह फैक्टरी अभी भी मुंबई के कांदीविली नामक उपनगर में रेलवे स्टेशन के पास स्थित है। विनिर्माण संयंत्र से देश के भीतरी भागों तक खेती-बाड़ी के लिए ट्रैक्टर पहुँचाने के लिए अलग रेलवे ट्रैक बिछाया गया था।

ट्रैक्टर संयंत्र के लिए जर्मनी से सिनिसिनाती मिलाक्रॉन मशीन मँगवाई गई थी। प्रारंभ में श्रीगणेश के बाद मशीन चालू की गई। जर्मन लोगों ने फैक्टरी में आकर स्वयं मशीन लगाई थी। परीक्षण के बाद एक माह तक यह टीम रुकी। यहाँ यह कहना प्रासंगिक होगा कि रविवार के दिन परीक्षण किया जाना था तथा मरम्मत कार्य के लिए 12 घंटे तक उपनगर की रेलगाड़ियाँ रोक दी गई थीं। मुंबई में यह आम बात है।

चालू करने के कुछ दिन बाद मशीन खराब हो गई। इंजीनियरों ने भरसक प्रयास किए, लेकिन कोई ठोस परिणाम नहीं निकला। 18 घंटे तक कार्य करने के बाद प्रदीप मशीन के पास सो जाता था। एक बार वह रात के समय गाड़ी की दूर से आ रही आवाज सुनकर जाग गया। उसने देखा कि फर्श पर बहुत ज्यादा कंपन महसूस हो रहा है। उसके दिमाग में अचानक विचार कौंधा कि इस कंपन के कारण ही यह मशीन खराब हो गई होगी। ऑपरेटर ने इंजीनियरों को सलाह दी कि मशीन का आधार दुबारा तैयार किया जाए।

किसी ने उसकी बात पर ध्यान नहीं दिया। बाद में जर्मनी की वरिष्ठ इंजीनियर्स टीम विशेष तौर पर बुलाई गई। उन्हें प्रदीप के कथन पर विश्वास हो गया। उन्होंने 24 घंटे तक मॉनीटरन के बाद तथा लगातार तीन दिनों तक मशीन का मॉनीटरन करके जाँच

की। जर्मन टीम ने हल निकाला कि इस नींव को तोड़कर कहीं और मशीन स्थापित की जाए। उन्होंने नया आधार तैयार किया तथा वर्तमान लोकेशन से थोड़ा हटकर मशीन लगाई जाए। ऐसा करने के बाद कंपन की आवाज नहीं सुनाई दी और मशीन में भी कोई दिक्कत नहीं आई।

बाद में शिंदे को इनाम दिया गया, क्योंकि उसने यह साबित कर दिया था कि किसी कंपनी में मामूली व्यक्ति भी नौकरी के दौरान नई सोच रख सकता है। अर्थात् कम पढ़े-लिखे लोगों में भी बुद्धि और समझ होती है। अमेरिकी उद्यमी नॉलेन बुशमैन ने कहा है—"नहानेवाला हर व्यक्ति दिमाग रखता है। व्यक्ति नहाता है, शरीर पोंछता है तथा खास अंदाज में तैयार होने की कोशिश करता है।" योजनाबद्ध सोच सभी स्तरों पर हो सकती है। यह सोचना गलत है कि केवल उच्च पदों पर आसीन लोगों में ही विलक्षण सोच होती है। क्षेत्र या शाखा स्तरों से विलक्षण जानकारी या इनपुट के कारण संगठनात्मक बदलाव सामने आते हैं।

□

जस की तस धर दीनी चदरिया

कई वर्ष पहले पणजी में आयोजित राष्ट्रीय स्वतंत्रता सेनानी कन्वेंशन में प्रभाकर टी. वैद्य को आमंत्रित किया गया था। उसका उद्घाटन तत्कालीन प्रधानमंत्री श्री चंद्रशेखर ने किया था। भाषण के बाद पटल पर प्रस्ताव पेश किया जाना था। अनेक घोषणाएँ की गईं उनमें से अधिकांश प्रस्तावों में देश के सामने खड़े मुद्दों पर अधिकांशत: स्वतंत्रता सेनानियों के पक्ष में विचार व्यक्त किए गए। अंतत: उस दिन पेश किए गए सर्वाधिक महत्त्वपूर्ण प्रस्ताव पर वोट डाले जाने थे। उस प्रस्ताव में स्वतंत्रता सेनानियों को दी जा रही सुविधाओं तथा सरकार द्वारा दी जा रही पेंशन की राशि में बढ़ोतरी करने के लिए कहा गया था।

उस प्रस्ताव में आशा की जा रही थी कि वह प्रस्ताव सर्वसम्मति से पारित हो जाएगा। आखिरकार क्या सभी स्वतंत्रता सेनानी मिल रही तमाम सुविधाओं और आदर-सम्मान के पात्र नहीं हैं? जब यह प्रस्ताव पेश किया गया, उस समय हजारों लोगों ने सिर हिलाकर अपनी सहमति जाहिर की। भारी मतदान से वह प्रस्ताव पारित होने जा रहा था। तभी अधिवेशन की अध्यक्षता कर रहे व्यक्ति ने कहा कि क्या दर्शक/श्रोतागणों में किसी को इस प्रस्ताव के बारे में कोई आपत्ति है। यह मात्र औपचारिकता थी; क्योंकि किसी को भी यह उम्मीद नहीं थी कि उपस्थित किसी व्यक्ति को इस प्रस्ताव के प्रति कोई आपत्ति होगी।

लेकिन उस कन्वेंशन में उपस्थित 3,000 लोगों के बीच में से एक आवाज उठी। वह व्यक्ति प्रभाकर टी वैद्य था—"मैं इस प्रस्ताव का विरोध करता हूँ।"

कुछ क्षणों के बाद भीड़ में लहर की तरह फुसफुसाहट की आवाज सुनाई देने लगी। अध्यक्ष ने प्रभाकरजी से पूछा कि क्या वे मंच पर आकर कुछ बताना चाहते हैं, ताकि प्रत्येक व्यक्ति उनकी बात सुन सके।

प्रभाकरजी ने अपनी बात शुरू की—"स्वतंत्रता सेनानियों को भिखारी न समझा जाए। हम योद्धा हैं।"

उनके पहले वाक्य से ही लोग भड़क उठे। पूरा कन्वेंशन तरह-तरह के सवाल करके तंग कर रहा था। कोई हठ कर रहा था, कोई चिल्ला रहा था। प्रभाकरजी बात जारी रखने की कोशिश करते रहे, किंतु उनकी आवाज भीड़ के गुस्से शोरगुल में दब गई। मंच से किसी ने उनसे माइक छीन लिया तथा उन्हें नीचे उतरने पर मजबूर कर दिया।

प्रभाकरजी ने गोवा स्वतंत्रता संग्राम में सक्रिय रूप से भाग लिया था। उन्होंने दादर नगर हवेली की स्वतंत्रता में प्रमुख भूमिका निभाई थी। इसके साथ-साथ पुलिस स्टेशन और गोवा के शस्त्रागार पर कई हमलों की अगुआई की थी। इसमें कनकोलिम तथा कनकोणा पुलिस चौकियाँ भी शामिल हैं। उन्होंने पुर्तगाली अधिकारियों के मन में इतनी दहशत फैला दी थी कि पुर्तगाली सरकार ने उन्हें निकालने की दो बार कोशिश की थी। उन्हें 35 वर्ष का कठोर कारावास देने की सजा सुनाई गई थी। लेकिन इसके बावजूद उन पर काबू पाना कठिन था।

सन् 1961 में जब गोवा स्वतंत्र हुआ था, तब प्रभाकरजी गोवा, दमन दीव संघ शासित क्षेत्र में सर्वोच्च पदों पर आसीन हो सकते थे। उनके अनेक साथी पुलिस सेवा या अन्य सरकारी विभागों में चले गए, जबकि कुछ सक्रिय चुनावी राजनीति में आ गए। लेकिन प्रभाकरजी ने सभी प्रस्ताव ठुकरा दिए और अपने मूल गाँव कनकोलिम आ गए। अब वे लोगों को अज्ञानता की बेड़ियों से मुक्त कराने के लिए संघर्ष करने लगे। अपने जैसे अन्य लोगों के साथ मिलकर उन्होंने 'कनकोलिम एजुकेशन सोसाइटी' चलाई।

कनकोलिम यूनाइटेड हाई स्कूल की शुरुआत मुट्ठी भर छात्रों तथा निष्ठावान् चंद शिक्षकों से हुई। वैद्य दंपती उस स्कूल के प्रथम शिक्षक थे। श्रीमान वैद्य बहुत कम मानदेय लेते थे, लेकिन उनकी पत्नी एक पैसा लिये बिना अंग्रेजी पढ़ाती थीं। गोवा स्वतंत्रता संग्राम में आजीवन सेवा करने के बावजूद प्रभाकरजी ने कभी कोई फायदा नहीं उठाया। उन्होंने कभी भी सरकार की ओर से स्वतंत्रता सेनानी पेंशन नहीं ली, न ही कोई सुविधा प्राप्त की। उन्होंने कभी भी केंद्र सरकार द्वारा दिए गए ताम्रपत्र की भी चिंता नहीं की।

77 वर्ष की उम्र में वे हमेशा अपनी आत्मा की आवाज सुनते रहे, किसी और की नहीं। अमेरिकी लेखक मार्क ट्वेन ने कहा है, "जो सही है, आप केवल उसी पर ध्यान दें। इससे आधी मानव जाति संतुष्ट होगी, आधी हैरान।" इस पर ध्यान दें—यदि आप प्रभाकरजी की तरह चरित्र की फैब्रिक या चादर बेदाग नहीं रख सकते तो कम-से-कम ऐसी कहानियों से प्रेरणा लेकर स्वयं को बेदाग रखने की कोशिश कर सकते हैं।

(यह कहानी प्रभाकर टी. वैद्य की पुत्री शेफाली वैद्य ने सुनाई है।)

☐

बुद्धि बनाम आत्मा : किसकी सुनें?

महाभारत में दुर्योधन भीम का कट्टर विरोधी था। मुष्टि-प्रहार में वह कुशल था और अपने विरोधी को हराने में निपुण। ऐसा प्रतीत हो रहा था कि विजय के प्रति आश्वस्त पांडवों के हाथ से जयश्री खिसक रही थी। यहाँ तक कि भीम दुर्योधन की बराबरी नहीं कर पा रहा था।

जब दोनों लड़ रहे थे, तब कृष्ण ने भीम की ओर इशारा करते हुए अपनी जाँघ को छुआ और अचानक भीम को अपना वह वचन याद आ गया कि वह दुर्योधन की जाँघ चीर देगा। उसके मस्तिष्क में द्यूत क्रीड़ा की स्मृति कौंध गई तथा साथ ही लज्जित द्रौपदी का चेहरा आँखों के सामने घूम गया। गुस्से में आगबबूला भीम ने युद्ध के इस नियम को ताक पर रख दिया कि शत्रु की नाभि के नीचे प्रहार नहीं किया जाए। भीम ने भारी-भरकम गदा उठाई और दुर्योधन की जाँघ पर प्रहार कर दिया। पीड़ा के साथ चीख मारते हुए दुर्योधन जमीन पर गिर पड़ा। उसके शरीर से लहू निकल रहा था। तब क्रुद्ध भीम उन्मत्त होकर धराशायी दुर्योधन के सिर पर पाँव रखकर नाचने लगा, ताकि चारों ओर भय का माहौल छा जाए।

ऐसे में युधिष्ठिर ने डाँटते हुए कहा, ''भीम, ऐसा मत करो। दुर्योधन तुम्हारा भाई है तथा युवराज भी। भले ही उसने अपराध किए हैं, तुमने बहुत कुछ झेला है; लेकिन तुम क्षत्रिय जैसा आचरण नहीं कर रहे।''

मृत्यु की प्रतीक्षा में भूमि पर लेटे दुर्योधन ने युधिष्ठिर के शब्द सुने और बोले, ''इसे मेरे सिर पर नाचने दो। युधिष्ठिर, यह अनुचित नहीं है, न ही कोई अनुचित कृत्य है। आपने और आपके भाइयों ने ऐसा ही तो किया है। आप युद्ध जीत चुके हैं, लेकिन आप इससे भी इनकार नहीं कर सकते कि आपने गलत तरीके अपनाए हैं और अनुचित आचरण भी दरशाया है। छल से भीष्म, द्रोण तथा कर्ण का वध किया गया। चालाकी व धोखे से जयद्रथ का नाश किया गया और आप सोचते हैं कि मैंने भीम की ओर इशारा करते कृष्ण को नहीं देखा! ऐसा करके कृष्ण ने मेरी जाँघ पर प्रहार करने के लिए कहा

था। आपने क्षत्रियों के आचरण के अनुसार कब व्यवहार किया था, जो अब भीम को डाँट रहे हैं?''

मृत्यु की ओर बढ़ रहे दुर्योधन ने उग्र व प्रचंड भावनाएँ व्यक्त कीं। अंत तक वह कठोर बना रहा और झुका नहीं। फिर भी उसने जो कुछ कहा, वह सही था; लेकिन वह इस त्रासदी में अपना पक्ष भूल गया। उसने यह नहीं देखा कि पांडवों की गलतियों के समान ही उसकी ईर्ष्या और घृणा बुराई की जड़ थी। इसके कारण वीर-योद्धा मृत्यु को प्राप्त हो गए तथा शक्तिशाली साम्राज्य नष्ट हो गया।

जब मैं बचपन में 'महाभारत' पढ़ता था तो कई बार मैंने महसूस किया कि अनेक पात्र गलत थे। मैंने हमेशा यह अनुभव किया कि भगवान् श्रीकृष्ण अनेक कृत्यों के पीछे प्रमुख प्रेरणा रहे। इसे अनैतिक और धोखाधड़ी भरा कृत्य भी कहा जा सकता है। इसी कारण पांडवों ने लाभ उठाया और वे कौरवों पर भारी पड़े। मैं अकसर यह जानकर हैरान हो जाता हूँ कि मानव शरीर धारण किए भगवान् को भी ऐसे कार्य करने पड़ते हैं। मानव रूप में अवतार लेकर उनके ऐसे अनेक कर्म रहे, जहाँ उन्होंने सही लक्ष्य पाने के लिए गलत साधन अपनाए।

ग्रीक दार्शनिक अरस्तू ने कहा है—''मन को शिक्षित किए बिना बौद्धिक शिक्षा व्यर्थ है।'' इसमें चेतना और मस्तिष्क के बीच द्वंद्व पर जोर दिया गया है। किसी की आत्मा या चेतना कोई काम करने के लिए 'न' कह सकती है, लेकिन बुद्धि पूरी स्थिति का विश्लेषण करेगी। मुमकिन है, सत्कार्य का विश्लेषण करेगी कि बड़ी संख्या में लोगों को अनुचित या गलत साधन अपनाकर किसी निर्णय से लाभ पहुँचेगा या नहीं, तभी वह 'हाँ' या 'न' कहेगी।

□

हमेशा आभारी रहें, यही हमारी संस्कृति है

मेन हॉल से मेरे बेडरूम तक कागज मिलने पर, मैं हर बार अपनी बेटी का शुक्रिया अदा करता हूँ। कभी फोन सुनते समय यदि मैं उसका शुक्रिया अदा करना भूल जाता हूँ तो वह मूर्ति बनकर खड़ी हो जाती है तथा कहेगी, "पापा, आप कुछ कहना भूल गए हैं।"

मैं उसी समय क्षमा माँगता हूँ तथा मुसकराते हुए 'थैंक्स' कहता हूँ। वह उछलकर अपनी ट्राइसाइकिल पर बैठ जाएगी तथा फिर खेलने लग जाएगी।

20 वर्ष पहले ऐसा अकसर होता था। लेकिन आज भी वह छोटा-मोटा कार्य करने पर 'थैंक्स' की आस लगाए रहती है। न तो वह यह शब्द सुनते-सुनते थकती है, न ही मैं दोहराते हुए थकता हूँ।

महाराष्ट्र में वर्धा के पास सेवाग्राम स्थित गांधी आश्रम में मैंने अपने बचपन का बहुत बड़ा समय बिताया था। स्वतंत्रता दिवस पर आश्रम के वरिष्ठ सदस्य बच्चों को 'धन्यवाद' देते हैं, क्योंकि उनकी वजह से वे इस दिन का आनंद उठा रहे हैं। आश्रम में अनेक वरिष्ठ और बुजुर्ग सदस्य स्वाधीनता संग्राम का हिस्सा थे तथा ब्रिटिश राज का विरोध करने पर महीनों वर्षों तक जेल में रह चुके थे। जब मैं नई दिल्ली में इंडिया गेट स्थित 'अमर जवान ज्योति' के पास से गुजरता हूँ, तब हमेशा वहाँ अपना शीश झुकाकर नमन करता हूँ, क्योंकि उन वीरों ने अपने देश की रक्षा में अपने प्राण न्योछावर किए थे। मैं कभी भी यह नहीं समझ पाया कि उन्हें कैसे 'धन्यवाद' दूँ।

मुझे राजस्थान में जयपुर से चलाई जा रही 'wvfools.com' वेबसाइट देखने का मौका मिला, यहाँ मेरे विचारों जैसा ही कार्य किया जाता है। इस साइट से 50 रुपए की फीस पर सभी सैनिकों को कार्ड भेजे जाते हैं। इस प्रयोजनार्थ यह साइट भारतीय सेना और कुछ कॉरपोरेट घरानों से जुड़ी है। यद्यपि सभी सैनिक जानते हैं कि हम उनकी वीरता के लिए उनके प्रति आभारी हैं। लेकिन कभी-कभी ऐसा कहना भी जरूरी होता है।

पूर्व अमेरिकी राष्ट्रपति जॉन एफ. कैनेडी ने कहा है—"जब हम किसी के प्रति

आभार व्यक्त करते हैं, तब हमें यह कदापि नहीं भूलना चाहिए कि हम वाणी से नहीं, कर्मों से सर्वाधिक प्रभावशाली ढंग से सराहना करते हैं।'' आप जानते हैं, धन्यवाद देना प्रबंधन की श्रेष्ठ परिपाटी है। शब्दों से आभार व्यक्त करना जरूरी नहीं है। मुसकान या छोटा सा उपहार या कार्ड देकर भी आभार व्यक्त कर सकते हैं। 'वीर जवानों' के अलावा क्या हमें महान् उद्यमी जे.आर.डी. टाटा तथा धीरू भाई अंबानी जैसे व्यक्तियों के जन्मदिन पर उन्हें याद नहीं करना चाहिए? जब कभी ओलंपिक खेल होते हैं, क्या हमें मिल्खा सिंह के योगदान को याद नहीं करना चाहिए? जिन लोगों की वजह से आज हम खुशहाल जीवन जी रहे हैं, उनका आभार व्यक्त करना हमारी संस्कृति का हिस्सा है। क्या ऐसा नहीं है?

□

प्रलोभन मिलने पर फैसला आपको लेना है

सन् 1967 में मेजर जनरल ध्रुव सी. काटोच अब सेंटर लैंड वारफेयर स्टडीज (CLAWS) के अपर निदेशक हैं। उस समय उनकी उम्र 16 वर्ष थी। उनके पिता सेना में कर्नल थे। अजमेर में बड़े से सरकारी बँगले के अलावा उनके परिवार में न कोई कार थी, न स्कूटर, न ही रेफ्रिजरेटर। फिर भी, उस परिवार को कभी कोई कमी महसूस नहीं हुई। परिवार हमेशा रिक्शा से आता-जाता था और निजी कार्य के लिए कभी भी सरकारी कार का इस्तेमाल नहीं करता था।

लेकिन एक शाम जूनियर काटोच ने हिम्मत जुटाकर अपने पिता से कहा, ''डैड, आप कभी-कभी सरकारी जीप से क्यों नहीं आते-जाते?''

कर्नल मुड़े, अपने बेटे की आँखों में सीधे देखा और कहा, ''मैं ऐसा करता, लेकिन नाशपाती मेरे गले से नीचे नहीं उतरती।''

''क्या, नाशपाती?'' बेटे ने पूछा।

कर्नल थोड़ी देर रुके। फिर सबसे ज्यादा हैरतअंगेज कहानी सुनाई—''जब मैं तुम्हारी उम्र का बच्चा था,'' उन्होंने कहा, ''मैं अपने दोस्तों के साथ खेलने गया। सुंदर सा फलों का बगीचा। वहाँ पर पेड़ों पर पकी हुई नाशपाती लगी हुई थीं। हम बच्चे खुद को नहीं रोक पाए। हम बाड़ में से रेंगकर निकले और सुरक्षित लौटने से पहले दौड़कर तमाम नाशपातियाँ बटोर लीं। मैंने उस लूट में से अपना हिस्सा ले लिया और घर आ गया।'' कर्नल ने अपनी बात जारी रखी—''आपके दादाजी बरामदे में अपनी मनपसंद कुरसी पर बैठे हुक्का गुड़गुड़ा रहे थे। मैंने ताजा नाशपाती से भरी प्लेट उनके आगे कर दी। आपके दादाजी उस भेंट का स्रोत और पाने का तरीका भाँप गए थे। लेकिन उन्होंने कुछ नहीं कहा। वे बोले, 'मेरे बेटे, ये नाशपातियाँ मेरे गले से नीचे नहीं उतरेंगी।' क्योंकि उनके लिए ऐसी चीज खाना नामुमकिन था, जो ईमानदारी से हासिल नहीं की गई हो। उनके स्वर में न फटकार थी, न गुस्सा, बड़े शांत स्वर में उन्होंने ये शब्द कहे थे।''

उस लड़के ने चुपचाप प्लेट वापस ले ली। वह पीड़ा और अपराध-बोध महसूस

कर रहा था। अपने पिताजी की नजरों से दूर उसने नाशपाती चखकर यह देखना चाहा कि क्या पिता के कथन में कोई सच्चाई है। हाँ, नाशपाती उसके गले से नीचे नहीं उतरी। अगली सुबह कर्नल ने बगीचे के मालिक के सामने सच कबूल किया। मालिक ने उसे अपने कंधों पर बिठाया और ताजा पकी नाशपाती की टोकरी भेंट की। कुछ देर चुप्पी रही, फिर कर्नल ने बात जारी रखी और जूनियर काटोच को बताया, ''बेटे, जिंदगी हमें कई बार तरह-तरह के प्रलोभन देती है, लेकिन हममें से कुछ लोगों के गले से नाशपाती नीचे नहीं उतरती।''

अंग्रेज लेखक वर्जिनिया वुल्फ ने कहा है—''यदि आप स्वयं के बारे में सत्य नहीं बताते तो आप दूसरों के बारे में सच्चाई बयाँ नहीं कर पाएँगे।'' हमें क्या स्वीकार करना है, क्या नहीं—यह आपको स्वयं समझना चाहिए।

□

असाधारण प्रयासों की सराहना की जाती है

शंकर बाबा पापलकर 125 बच्चों के पिता हैं। वे महाराष्ट्र के अमरावती के पास बजार में रहते हैं। सन् 1992 से वे अपंग एवं अनाथ बच्चों के लिए आश्रम चला रहे हैं।

शंकर इन बच्चों के पिता नहीं हैं, फिर भी उन्होंने 125 बच्चों को अपना नाम दिया। उनमें से अधिकांश मानसिक रूप से पिछड़े हैं। इसके अलावा, अन्य सुधार-गृहों से भिन्न किसी भी बच्चे को 18 वर्ष की उम्र होने पर आश्रम छोड़ने के लिए नहीं कहा जाता। सभी अनाथ बच्चों के वे बाबा हैं। उनका मानना है कि गूँगे-बहरे, मानसिक रूप से पिछड़े बच्चे तथा कई प्रकार की अपंगता से ग्रस्त बच्चे 18 वर्ष की उम्र के बाद भी सँभल नहीं पाते। उनके विचार में 18 वर्ष की लड़कियों को अनाथ आश्रम छोड़ने के लिए कहा जाता है तो वे वेश्यावृत्ति तथा भीख माँगने के लिए मजबूर हो जाती हैं। बाबा कूड़ेदान, रेलवे स्टेशन, मंदिरों तथा पुलिस द्वारा बचाए गए बच्चों को भी अपनाते हैं।

आश्रम में 60 प्रतिशत से ज्यादा बच्चों का आई क्यू शून्य है। अर्थात् वे रात भर स्वयं बच्चों को शौचालय ले जाते हैं। बड़े ध्यानपूर्वक तथा प्रेम से और अपनी जिम्मेदारी समझकर उनके सारे काम करते हैं। 40 प्रतिशत में से 14 को सरकारी नौकरियाँ मिलती हैं। सर्वाधिक महत्त्वपूर्ण तथ्य यह है कि बाबा 14 अपंग लड़कियों की शादी करवा चुके हैं। उनके मुताबिक, विज्ञान साबित कर चुका है कि मानसिक रूप से पिछड़ी माताओं के बच्चे काफी समझदार होते हैं। वे अपनी माँ की देखभाल करते हैं। अपने उत्तरदायित्व के अलावा, बाबा राजनेताओं से मिलने का समय निकालते हैं और उनसे अनुरोध करते हैं कि वे अनाथ आश्रम में रहनेवालों के लिए 'लावारिस' शब्द जोड़कर कानून में सुधार लाएँ। 'लावारिस' शब्द से 18 वर्ष की उम्र के बाद भी बच्चों को स्थायी आश्रय मिलता रहेगा।

हममें से अधिकांश लोगों को स्वस्थ शरीर और मन का वरदान मिला हुआ है। हम अनेक प्रकार से दान करते हैं तथा गरीब व जरूरतमंदों की आवश्यकताओं का

ध्यान रखते हैं। लेकिन हम अतिरिक्त या खाली समय में यह सब काम करते हैं, बाबा की तरह नहीं, जिन्होंने अपना पूरा जीवन इस उद्देश्य के लिए समर्पित किया है।

रेडियो टॉक-शो के दौरान मेजबान डेव वेन बॉम ने कहा है, ''यदि आप उनकी प्रतिभा को तराश नहीं सकते तो उनकी मदद का भरसक प्रयास करें।'' मानव जाति सदा प्रशंसा सुनना चाहती है। उसे समझना चाहिए कि किसी भी कार्य या कार्यक्षेत्र में पहचान बनानी है तो व्यक्ति को अथक व बेजोड़ प्रयास करने होंगे।

□

अपनी जिज्ञासा बनाए रखें

अंतरराष्ट्रीय ओलंपियाड में सफलता पानेवाले प्रतिभाशाली प्रीतीश पाटिल ने सन् 2011 में तेईपाई में आयोजित बायोलॉजी इंटरनेशनल ओलंपियाड में रजत पदक हासिल करके पूरे राष्ट्र के लिए ख्याति अर्जित की। इससे पहले महाराष्ट्र के नाशिक में 12वीं कक्षा के छात्र रूप में प्रीतीश पाटिल ने खगोल में अंतरराष्ट्रीय ओलंपियाड में रजत पदक जीता था। प्रीतीश की सफलता की गाथा यहीं पर समाप्त नहीं हो जाती। सन् 2011 में उसे तृतीय अंतरराष्ट्रीय ओलंपियाड में भारत का प्रतिनिधित्व करने के लिए चुना गया। इस बार उनका विषय भू-विज्ञान था। प्रीतीश ऐसा एकमात्र छात्र था, जो लगातार अलग-अलग विषयों में भारतीय टीम में चुना गया।

प्रीतीश की विशेष उपलब्धि यह रही कि उसने कोचिंग क्लास या मार्गदर्शन लिये बिना स्वाध्याय किया। स्मार्ट बनने के लिए उसने इंटरनेट तथा इंटरनेट फोरम से मदद ली। खगोल की दिशा में उसकी यात्रा तब शुरू हुई, जब वह कक्षा छठी में पढ़ता था। उसके अंकल ने उन्हें एन्साइक्लोपीडिया उपहार में दी थी। ग्रहों तथा ब्लैक होल्स की नई जानकारी ने उसके मन में कौतूहल पैदा कर दिया। इस पुस्तक से उसे उस क्षेत्र की अधिकाधिक जानकारी लेने की प्रेरणा मिली। उस विषय के बारे में जानने की उत्सुकता ही उसे इस मुकाम तक लाई। जब उसे इंटरनेट के माध्यम से खगोल की विस्तृत जानकारी मिली, तब उसके ज्ञान में 'छप्पर फाड़कर' वृद्धि हुई।

बाल्यावस्था में ही प्रीतीश एक प्रतिभावान् छात्र रहा। विभिन्न प्रतियोगी परीक्षाओं में मिली जानकारी से उसके मन में आत्मविश्वास उत्पन्न हुआ। लेकिन प्रीतीश का परिवार कुछ और ही चाहता था। उसके माँ-बाप चाहते थे कि वह जो कुछ सीखता है, उसका आनंद उठाए तथा उसकी ज्ञान-अर्जन में रुचि हो। उन्होंने कभी भी अंकों या रैंक पर दबाव नहीं डाला।

जब उसकी उम्र के बच्चे केवल 'सिलेबस' पर ही फोकस होते थे, तब प्रीतीश अपनी उत्सुकता व जिज्ञासा शांत करने में व्यस्त रहता था। उसने खगोल से जुड़े भौतिकी

और गणित जैसे विभिन्न विषयों में शोध किया और नई-नई बातें सीखीं। स्वयं पढ़ते हुए प्रीतीश को आत्मानुशासन, धैर्य और एकाग्रता की आवश्यकता थी। इंटरव्यू के दौरान प्रीतीश ने बताया, ''ये गुण सहज रूप में आते हैं और मैंने इसके लिए कुछ खास नहीं किया; क्योंकि मैंने अध्ययन और ज्ञान-अर्जन की इच्छा अंतर्मन से महसूस की थी।''

जर्मन भौतिक विज्ञानी आइंस्टाइन ने कहा था, ''महत्त्वपूर्ण यह है कि प्रश्न पूछने की प्रवृत्ति को रोका न जाए। उत्सुकता बनी रहने के पीछे अलग से कुछ कारण होते हैं।'' प्रीतीश के उदाहरण से यह शिक्षा मिलती है कि पाठ्य पुस्तकों तथा स्कूल की पाठ्यचर्या से हटकर पढ़ना भी जरूरी होता है। जीवन में कुछ खास करने के लिए व्यक्ति की उत्सुकता लगातार बनी रहे।

□

समस्या को हर पहलू से देखें

जयपुर-आगरा मार्ग के ठीक बीचोबीच दौसा जिले के मौहा में दिनेश खंडेलवाल की खंडेलवाल मोटर्स प्राइवेट लिमिटेड कंपनी है। मुझसे बातचीत के दौरान उन्होंने मुझे प्रबंधन क्षेत्र के विस्तार की कहानी सुनाई।

उनकी माँ गर्भाशय की बीमारी से ग्रस्त थीं और उनका सर्जिकल ऑपरेशन किया जाना जरूरी था। उन्हें तुरंत अस्पताल ले जाकर ऑपरेशन कराया गया। उन्हें कम-से-कम छह माह तक दवाइयाँ लेने की सलाह दी गई। दिनेश यह सोचकर पंद्रह दिन के लिए दवाई ले आए कि जरूरत पड़ने पर और दवाइयाँ आसपास से ले लेंगे। अपने शहर पहुँचने पर दिनेश कारोबार में व्यस्त हो गया। अचानक उन्हें अपनी माँ के लिए दवाइयाँ लाना याद आ गया। उन्होंने बहुत हाथ-पाँव मारे, लेकिन किसी भी केमिस्ट के पास दवाइयाँ नहीं मिलीं।

उसने सबसे पहले नुस्खे (Prescription) की 6 फोटो प्रतियाँ कराईं और पाँच मित्रों को दे दीं, जो अकसर बिजनेस टूर पर आसपास बड़े शहरों में जाते रहते थे। तीन दिनों बाद पहला मित्र लौट आया। जब उससे पूछा गया तो उसका जवाब था—"मेरे तो दिमाग से ही उतर गया।" दूसरे मित्र ने दवाइयाँ खरीद लीं, लेकिन लाना भूल गया। तीसरा और चौथा मित्र लौटा ही नहीं। पाँचवें मित्र ने दवाइयाँ ही नहीं खरीदीं, बल्कि लाकर भी दीं। लेकिन साथ में यह भी बताया कि दूध के साथ लेनेवाली एक दवा नहीं मिली है। दिनेश ने तत्काल सर्जन को फोन किया, जिसने उक्त नुस्खा लिखा था और उस दवा की पुष्टि भी कर ली। साथ में डॉक्टर ने माफी माँगते हुए कहा कि वह परची पर यह हिदायत देना भूल गया था।

दिनेश ने अपने उस पाँचवें मित्र रमेश को याद किया। वह बड़े अच्छे ढंग से कारोबार कर रहा था। इसका कारण यही था कि वह हर कार्य के प्रति दूरदर्शी था। चाहे कितना भी आसान काम हो, वह 360 डिग्री से उसपर विचार करता था। कोई भी संभावना उसकी नजर से चूकती नहीं थी।

अमेरिकी लेखक स्टीफन कॉवी ने कहा है, ''प्रबंधन सफलता की सीढ़ी चढ़ने की क्षमता है। नेतृत्व-शक्ति यह निर्धारित करती है कि यह सीढ़ी सही दीवार के साथ लगी है।'' याद रखें, आप चाहे कोई भी काम कर रहे हों, यदि आप हर तरफ से योजना बनाकर कार्य करना सुरक्षित कर लेते हैं और कार्य का कोई भी अंश अधूरा नहीं छोड़ते तो आप अपने बॉस का दिल जीत लेंगे।

□

शिक्षा को कॉरपोरेट की दृष्टि से आँकें

यदि मेरे मुताबिक प्रतिवर्ष 100 शिक्षकों का 16,500 घंटे पढ़ाने का समय बेकार चला जाता है तो कोई व्यक्ति सोच सकता है कि या तो शिक्षक पढ़ाते नहीं या छात्र 'बंक' मारते हैं। लेकिन सच्चाई यह नहीं है। मैंने इंदौर में ग्रेजुएट स्कूल ऑफ बिजनेस (जी.एस.बी.) कॉलेज में दौरे के दौरान यह महसूस किया कि वस्तुतः शिक्षण का समय वर्तमान अध्यापन-विधि पर मेहनत करके बढ़ाया जा सकता है।

प्रत्येक शिक्षक पहले 10 मिनट यही समझाने में लगा देते हैं कि वे क्लास में क्या पढ़ाने जा रहे हैं। शेष 50 मिनट में रजिस्टर में बच्चों की हाजिरी लगाने में कुछ समय गँवाता है। 2 मिनट बोलकर तथा 8 मिनट लिखकर समझाता है। इस दौरान वह ब्लैक बोर्ड पर संबंधित विषय लिखता है। यदि प्रत्येक शिक्षक प्रतिदिन 5 लेक्चर देता है, तब 50 मिनट सिर्फ पहले पढ़ाए गए विषय को समझाने में ही लगा दिए जाते हैं। छह दिन सप्ताह में, वे विषय समझाने में 300 मिनट लगा देते हैं। एक वर्ष में औसतन 200 कार्य-दिवसों में शिक्षक 10,000 कार्य मिनट बिताता है, अर्थात् 166 घंटे खर्च करता है। यदि प्रतिदिन 100 शिक्षक यही कर रहे हैं तो शैक्षिक संस्था में प्रतिवर्ष शिक्षण अवधि 16,666 घंटे बेकार चले जाते हैं।

ग्रेजुएट स्कूल ऑफ बिजनेस (जी.एस.बी) में प्रत्येक कक्षा की पाठ्य सामग्री तथा प्रत्येक अध्यापक ऑडियो-वीडियो माध्यमों पर उपलब्ध है। जैसे ही क्लास में शिक्षक प्रवेश करता है, स्क्रीन ऑपरेट हो जाती है। शिक्षक केवल पंक्ति पढ़ता है, जिसमें मात्र 2 मिनट लगते हैं तथा मार्कर से बोर्ड पर लिखने में समय बेकार नहीं जाता, जिसमें कम-से-कम 8 मिनट लगते हैं। यदि इसी तरीके से परिकलित किया जाए तो प्रतिवर्ष प्रत्येक शिक्षक को 133 घंटे पढ़ाने के लिए मिलते हैं और 100 शिक्षकों की दृष्टि से पूरे वर्ष 1,33,333 घंटे बचते हैं।

प्रत्येक शिक्षक अपने साथ क्रेडिट कार्ड चार्जिंग मशीन जैसा छोटा सा बायोमीट्रिक हाजिरी लगाने का उपकरण ला सकता है। इस मशीन को एक स्थान पर रख दिया जाता

है या छात्रों के बीच घुमाया जाता है, ताकि वे किसी को भी परेशान किए बिना हाजिरी लगा सकें।

शिक्षा में थोड़ा सा बदलाव लाकर फैकल्टी की शिक्षण अवधि बढ़ाई जा सकती है। इस प्रकार, इसका आगे चलकर व्यापक प्रभाव पड़ेगा। पढ़ाने का अधिक समय अर्थात् सिस्टम में अधिक ज्ञान-अर्जन, बुद्धिमत्ता का सन्निवेश, जिससे अंततः छात्रों की भलाई होती है। केवल शिक्षक ही ऐसा कर सकता है। अमेरिकी पत्रकार हेनरी बी. एडम्स ने कहा है, ''शिक्षक का शाश्वतता पर प्रभाव पड़ता है। वह नहीं बता सकता कि उसके प्रभाव का अंतिम छोर कहाँ है?''

इसलिए, सुस्पष्ट सोच रखें। यदि आप शिक्षा के व्यवसाय को कॉरपोरेट जैसा बना देते हैं तथा कॉरपोरेट घरानों की तरह उसके हर पहलू पर विचार करते हैं तो अंततः छात्र और शैक्षिक संस्था के प्रोमोटर दोनों की ही उन्नति होगी।

□

त्याग की कोई सीमा नहीं होती है

जब उसे यह खबर मिली तो उसकी दुनिया ताश के पत्तों से बने महल की तरह बिखर गई। बेटी की शादी के कुछ माह पहले उसे यह खबर मिली थी कि भावी वर का पिता लीवर की बीमारी से ग्रस्त है, वस्तुतः लीवर ने काम करना ही बंद कर दिया था। यदि तत्काल लीवर नहीं बदला गया तो वे कुछ दिनों के ही मेहमान हैं।

वर बुरी तरह से टूट चुका था। वह अपने पिता की जान बचाने के लिए लीवर डोनेट करने के लिए तैयार हो गया। इसका अर्थ हुआ कि एक प्रमुख समाचार-पत्र की प्रमुख रिपोर्टर संगीता शर्मा (नाम बदला हुआ है) को अपने बच्चे की तबाही देखनी थी; जबकि उसने खूब सोच-समझकर वह शादी तय की थी। तब 40 वर्ष की उस महिला ने बेहिचक फैसला लिया कि वह त्याग करेगी, जिससे घड़ी की सुइयों की दिशा ही बदल जाएगी। 24 घंटों के भीतर यह फैसला लिया जाना था। उसने लीवर का 10 प्रतिशत भाग वर के पिता को देने का मन बना लिया। उसने ऐसा ही किया और बुजुर्ग व्यक्ति का जीवन ही बदल गया। निश्चित रूप में, स्वयं संगीता का जीवन पहले जैसा नहीं रहा।

हँसते-हँसते संगीता ने यह फैसला लिया था। इससे तीन लोगों की जिंदगी बच गई। जिस समय कोई व्यक्ति अपने कैरियर की सफलता की सीढ़ी पर पैर रखने जा रहा हो और शांति चाहता हो, उस मुकाम पर उसने हिम्मत जुटाकर यह त्याग किया था और अपनी इच्छा से खतरा मोल लेकर समाचार-पत्र में उसे डेस्क जॉब की पेशकश रखी गई, क्योंकि 70 प्रतिशत लीवर दान करने से कार्य करने की शक्ति सीमित हो गई थी।

उसे न तो अपनी दुर्बलता का मलाल था, न ही वह सोचती थी कि उसने कोई बहुत बड़ा कार्य किया है। उसने मुझे बताया, ''मैंने यह इसलिए किया कि मेरी बेटी और दामाद के सामने अभी पूरी जिंदगी पड़ी है। मैं स्वयं से संतुष्ट हूँ।''

दिखावे और चकाचौंध की दुनिया में, जहाँ संवेदनशीलता और त्याग की कोई जगह नहीं है, संगीता का यह निर्णय किसी भी महान् कार्य से बढ़कर है। मुझे महात्मा

गांधीजी के ये शब्द याद हैं—''यदि बलिदान करने पर बलिदान देनेवाले को कष्ट या दुःख पहुँचता है तो वह सही मायनों में बलिदान नहीं है। वास्तव में, बलिदान से कर्ता का मस्तिष्क जाग्रत् होता है और उसे शांति व आनंद मिलता है।'' यद्यपि हम ऐसे समय में और ऐसे राष्ट्र में जीवन बिता रहे हैं, जहाँ चारों ओर नफरत-ही-नफरत है; लेकिन यह मानना भी भूल होगी कि हमारे समाज में से बलिदान, त्याग या सेवा-भाव विलुप्त हो चुके हैं। संगीता का उदाहरण इसका समर्थन करता है। कौन कहता है कि राष्ट्र की सीमाओं पर ही सेवा और त्याग किए जाते हैं? आज हमें स्वयं के भीतर भी ऐसे गुणों व अच्छाइयों को दरशाने की जरूरत है। संगीता जैसे लोग भगवान् के दिए ऐसे ही उपहार हैं, जो समाज का मार्ग प्रशस्त करते हैं।

□

निष्ठा का कोई अन्य विकल्प है ही नहीं

दोनों की उम्र 18 वर्ष थी। दोनों एक ही कोर्स में पढ़ रही थीं। दोनों समान प्रतियोगी परीक्षाओं में बैठीं। दोनों के परिवारों और गाँव को उन पर गर्व था। दोनों के माँ-बाप गरीब थे। दोनों ने पढ़ाई के लिए अमेरिका जाने के लिए आवेदन किया। ठोस सूत्र यह था कि अपना जीवन सँवारकर, सपना साकार करके वे अपने गाँव लौटेंगी, ताकि गाँव समृद्ध हो।

दोनों एक-दूसरे को नहीं जानती थीं, क्योंकि उनके गाँव कोसों मील दूर थे; लेकिन दोनों ही महाराष्ट्र में रहती थीं। उनकी एक ही मातृभाषा थी। उन दोनों लड़कियों के बीच सामान्य बात यह थी कि दोनों मेहनती तथा अध्ययन के प्रति समर्पित थीं। इसी वजह से उन्हें अमेरिकी विश्वविद्यालय से छात्रवृत्ति भी मिली थी। दोनों को कठिन चयन-प्रक्रिया से गुजरना पड़ा। महाराष्ट्र के ग्रामीण क्षेत्रों के 50 बच्चों में से वे दोनों लड़कियाँ चुनी गईं। चयन-प्रक्रिया की अवधि 10 माह तक चली एक एन.जी.ओ. की मदद से यह कार्य किया गया। सतारा जिले के शिरवाल की करिश्मा रांघवे तथा रायगढ़ जिले के मनगाँव की अंजनी लहाणे सिंसिनेटी यूनिवर्सिटी अमेरिका ओहियो, यू.एस. द्वारा ग्लोबल स्कॉलरशिप पानेवालों में से चुनी गईं।

यू.सी. छात्रवृत्ति पानेवाला भारत पहला देश रहा। करिश्मा मजदूर परिवार की बेटी थी। अंजनी के पिता किसान थे। लेकिन आर्थिक तंगी के कारण माँ-बाप अपनी बेटियों को पढ़ा नहीं पाए। उन दोनों को पूरी छात्रवृत्ति मिली। इसमें शिक्षण, निवास, भोजन तथा आने-जाने का किराया शामिल था। सन् 2012 में यू.सी. में इंजीनियरिंग डिग्री की पढ़ाई के लिए प्रत्येक लड़की को कुल 67.50 लाख रुपए की छात्रवृत्ति मिली। यू.सी. में अंतरराष्ट्रीय प्रवेश विभाग के निदेशक जोनाथन वैलर स्वयं विश्वविद्यालय में छात्राओं को ले जाने के लिए भारत आए।

करिश्मा ने शिरवाल में ध्यान संवर्धिनी हाईस्कूल से प्राइमरी शिक्षा प्राप्त की थी। वह पढ़ाई का खर्च उठाने के लिए ट्यूशन पढ़ाती थी। अंजनी ने मनगाँव के स्कूल से

एस.एस.सी. की पढ़ाई की थी। करिश्मा बायो मेडिकल में इंजीनियरिंग करेगी अंजनी का विषय कंप्यूटर इंजीनियरिंग होगा।

मंच कलाकार मौरिस यंग ने कहा है—''किसी भी कौशल में निष्णात होने के लिए जरूरी है कि मन, बुद्धि और आत्मा उस कार्य में लीन हो।''

आप भी इससे सहमत होंगे कि निष्ठा या समर्पण का कोई विकल्प नहीं होता। यदि आप केवल सफलता पर फोकस हैं तो अजेय कठिनाई पर भी विजय पा सकते हैं। यदि करिश्मा और अंजनी यह साबित कर सकती हैं तो आप ऐसा क्यों नहीं कर सकते?

□

नेकी चाहते हैं तो नेकी करें

कुछ समय पहले, देर रात में घर लौटते समय यूनिवर्सिटी प्रोजेक्ट, न्यू इनीशिएटिव ग्रुप, इक्फाई, गुजरात विश्वविद्यालय के जगदीश पटेल को एक सिपाही ने रोक लिया और ड्राइविंग लाइसेंस दिखाने के लिए कहा। जब उन्होंने बताया कि वे अपना लाइसेंस घर पर भूल आए हैं तो उन्हें चेक पोस्ट के पास बैठे पुलिस इंस्पेक्टर से मिलने के लिए कहा गया। पटेल पुलिस इंस्पेक्टर से मिले तो उसने कहा कि वह उन्हें जानता है वे विभिन्न कैरियर गाइडेंस सेमिनार करते हैं। इंस्पेक्टर ने कहा कि वे पटेल को एक शर्त पर माफ कर सकते हैं, लेकिन यह उनका अनुरोध भी है। उसने उन्हें पुलिस स्टाफ हाउसिंग कॉलोनी में पुलिस कर्मियों के बच्चों के लिए ऐसे ही सेमिनार आयोजित करने के लिए कहा।

जगदीश पटेल ने अपनी स्वीकृति दे दी और पुलिस कल्याण केंद्र में कैरियर गाइडेंस सेमिनार आयोजित किया गया। इससे पटेल को 180 ऐसे बच्चों के संपर्क में आने का मौका मिला, जिनके माँ-बाप अलग-अलग पुलिस विभागों में नौकरी करते थे। बाद में पटेल ने मुझे बताया कि उन बच्चों के साथ उन्हें सुखद, आश्चर्यजनक व विस्मयकारी अनुभव मिला। उन बच्चों ने अपनी आगे की पढ़ाई, कैरिअर के विकल्पों, भावी संभावनाओं और वेतन संबंधी उम्मीदों के बारे में अनेक सवाल पूछे। पटेल ने अपने कॉरपोरेट और अकादमिक अनुभव के आधार पर उन्हें संतुष्ट करने का भरसक प्रयास किया। इस प्रक्रिया में उन्होंने 'उच्च विचार' के बीज मस्तिष्क की उपजाऊ भूमि में बोने के प्रयास किए। सत्र के अंत में वे उनके चेहरों पर संतोष की झलक देख रहे थे, मानो अब वे अपना उज्ज्वल भविष्य बनाने के लिए तैयार हैं। पटेल ने मुझे बताया कि उनके चेहरों पर यह चमक ही मेरी मेहनत का फल है।

पटेल द्वारा आयोजित सेमिनार का समाचार मुख्यमंत्री के कार्यालय तक पहुँच गया। उन्होंने अनुरोध किया कि गुजरात भर में सभी पुलिस स्टाफ कल्याण केंद्रों में ऐसे सेमिनार आयोजित किए जाएँ। मुख्यमंत्री के कार्यालय द्वारा अनुरोध किए जाने के बाद

गुजरात के विभिन्न शहरों से ऐसे अनुरोधों का ताँता ही लग गया। हर कोई सेमिनार के लिए उनसे समय माँगने लगा।

अंग्रेज कवि जॉन मिल्टन ने कहा है—''उस शक्ति की हर क्रिया में असीम कृपा छिपी है। उसकी आँखों में स्वर्ग है। उसकी हर भंगिमा में प्रेम और गरिमा है।''

कुछ समझ में आया? मनुष्य का छोटा सा प्रयास भी ऐसा प्रतिफल देता है, जो बड़े योगदान से कई गुना ज्यादा होता है। रामजी की गिलहरी की तरह।

□

दृढ़ संकल्प लें, हिम्मत न छोड़ें

सन् 1970 के दशक की बात है। उस समय किरण बेदी आई.पी.एस. अधिकारी का प्रभार सँभालनेवाली भारत की पहली महिला बनी थीं। तब नई दिल्ली के सदर बाजार में छोटा सा दंगा हुआ। तत्कालीन पुलिस आयुक्त ने बेदी से कहा कि वे 20 सिपाहियों के साथ घटना-स्थल पर तुरंत पहुँचें। सदर बाजार जाते समय आयुक्त ने रेडियो पर खबर दी कि दंगाइयों ने एक मकान में आग लगा दी है, जिससे कम-से-कम 20 लोग आग में फँस गए हैं। जब बेदी और उनकी टीम घटना-स्थल पर पहुँची तो उन्होंने देखा कि घर के भीतर से लोगों के चिल्लाने की आवाजें आ रही हैं। आग पर काबू पाना बहुत मुश्किल लग रहा था।

बेदी ने कांस्टेबलों को आदेश दिया कि वे दरवाजा तोड़ दें। लेकिन कोई भी इतनी हिम्मत नहीं जुटा पा रहा था। तब उन्होंने एक कांस्टेबल से कहा कि वह उनके ऊपर पानी डाले। गीली वरदी के साथ वह दरवाजे के पास पहुँचीं, दरवाजा तोड़ा और मकान में चली गईं। अपने कंधों पर एक महिला को उठाकर वे सुरक्षित बाहर आ गई। जब कांस्टेबलों ने अपनी महिला अधिकारी का साहस देखा तो उनमें भी जोश उत्पन्न हो गया। उन्होंने भी खुद पर पानी डाला तथा मकान में घुस गए और सभी 17 लोगों की जानें बचा लीं। अकेले बेदी ने सात लोगों की जानें बचाईं।

बेदी की समझ-बूझ की एक और कहानी है। उन्होंने दिल्ली ट्रैफिक के हेड के रूप में बुद्धिमत्ता का परिचय दिया। उनका तर्क था कि सड़कें चौड़ी हैं तथा प्रत्येक साइड में दो-तीन लेन हो सकती हैं। ऐसे में सड़क पर वाहन खड़े करके आम जनता को परेशान क्यों किया जाए? अपने व्यस्त जंक्शनों में से एक जंक्शन में उन्होंने महसूस किया कि आम आदमी अपना स्कूटर भी नहीं निकाल पा रहा है। अत: उन्होंने विभाग से क्रेन माँगी। उन दिनों दिल्ली पुलिस के पास मात्र दो क्रेनें थीं। दोनों की ही मरम्मत कराई जानी थी। उन्होंने प्राइवेट क्रेन माँगी; लेकिन सवाल यह था कि उनका भुगतान कौन करेगा। बेदी ने गारंटी दी और कहा कि यदि सरकार भुगतान नहीं करती तो वह

अपने वेतन में से भुगतान करेंगी।

प्राइवेट क्रेन मँगवाई गई। कुछ ही दिनों में पूरी दिल्ली में तहलका मच गया। जब भी सड़क पर क्रेन दिखाई देती, लोग सहम जाते।

लोग सड़कों के नियमों का पालन करने लगे और पार्किंग जोन में वाहन खड़े करने लगे। वस्तुतः उन्होंने एक बार प्रधानमंत्री कार्यालय की कार को भी नहीं छोड़ा था। वह गलत साइड में खड़ी थी। आयुक्त के निवेदन के बावजूद वह राजनीतिक दबाव के आगे नहीं झुकीं।

यदि आप में पर्याप्त संकल्प-शक्ति है तो कुछ भी नामुमकिन नहीं है। अमेरिकी लेखक माया एंगल्यु ने कहा है—''सभी गुणों में साहस सर्वाधिक महत्त्वपूर्ण है, क्योंकि साहस के बिना आप किसी भी गुण को लगातार बनाए नहीं रख सकते।''

समस्या यह है कि हम बड़ी आसानी से हिम्मत छोड़ देते हैं। अपने लक्ष्य पर टिके रहें, चाहे कुछ भी हो। आप प्रयास करते रहें तो मुसीबतों को पार कर जाएँगे।

□

कभी खुद को रिटायर न समझें, न कहें

सन् 1916 में जनमी यह महिला आजकल बैंक में परामर्शी प्रेसीडेंट हैं। अभी भी वे बैठकें और सेमिनार में जाने के लिए पुणे की म्यूनिसिपल बस सेवा पी.एम.टी. से सफर करती हैं। ड्राइवर उन्हें अगले दरवाजे से चढ़ने की इजाजत दे देते हैं। जैसे ही वे बस में घुसती हैं, कोई-न-कोई उन्हें सीट भी दे देता है।

इसकी वजह है कि लोग जानते हैं, इस उम्र में भी रुक्मिणी शितोले कारोबार के सिलसिले में तथा घूमने-फिरने के लिए बस से ही आती-जाती हैं। वे कभी भी जीजा माता महिला बैंक तथा संतुलन ट्रस्ट की मीटिंग से गैर-हाजिर नहीं रहीं। पुणे जिले के थियूर ताल्लुका के कोलवाड़ी गाँव की निवासी रुक्मिणी परदादी, परनानी बन चुकी हैं। उनकी अपने गाँव में सबसे ज्यादा आयु है। रोचक बात यह है कि स्कूल के दिनों में रुक्मिणी हमेशा अव्वल ही नहीं रहीं, बल्कि वे सातवीं कक्षा तक पढ़ीं। 12 वर्ष की उम्र में उनकी कोंडीबा से शादी हो गई, जो अभी-अभी राजनीति में आए थे। रुक्मिणी शितोले ने अपने पति से जन-सेवा तथा सेवा के बारे में बहुत कुछ सीखा। कोंडीबा और रुक्मिणी की एक पुत्री थी। कोंडीबा ने पुत्र की चाह में दूसरी शादी की। उससे उन्हें तीन पुत्र और दो पुत्रियों की प्राप्ति हुई। अब उनके बच्चे तथा बच्चों के बच्चे रुक्मिणी की देखभाल कर रहे हैं।

जब परिवार व्यवस्थित ढंग से चलने लगा, तब रुक्मिणी ने जन-सेवा में भाग लेने का फैसला लिया। उन्होंने सन् 1962 में ग्राम पंचायत के चुनाव लड़े और दो वोटों से जीत हासिल की। शिक्षित होने के कारण रुक्मिणी ने महिलाओं की दुर्दशा को समझा तथा उन्होंने महिला संस्था और गणेश दूध उत्पादक संस्था चलाई, ताकि महिलाओं को सशक्त बनाया जा सके और दूध के कारोबार में महिलाओं के बने रहने में उनकी मदद की जा सके। फिर उन्होंने सन् 1972 में जिला परिषद् का चुनाव लड़ा और जीत गईं। वे 12 वर्ष तक पंचायत समिति की सदस्य रहीं तथा अब जीजा माता बैंक की परामर्शी प्रेसीडेंट हैं।

अब वे बैठकों में नहीं जातीं। वे शादी के कार्ड या अनेक लोगों के बधाई कार्ड खोलने में व्यस्त रहती हैं। लोग उन्हें अपने गाँव की 'प्रथम नागरिक' मानते हैं। उनके पास अनेक लोग आकर कुआँ खुदवाने या नया कारोबार शुरू करने अथवा पुणे में उच्च शिक्षा ग्रहण करने के लिए जाने से पहले उनका आशीर्वाद लेते हैं और बैठकें आयोजित करती हैं तथा आगंतुकों से मिलती हैं, शेष समय खूबसूरत किचन गार्डन में बिताती हैं। पूरे परिवार की सब्जियाँ इसी बगीचे में उगाई जाती हैं और कोई भी बाजार से सब्जी नहीं लाता।

फ्रांसीसी लेखक एंटनी डि सेंट एक्सपेरी के शब्द हमेशा याद रखें—"सच्चा सुख सत्कर्मों से मिलता है, नए-नए कार्य करने के प्रति उत्साह से मिलता है।"

रुक्मिणी ने साबित कर दिया है कि कोई भी आपको सक्रिय जीवन से तब तक रिटायर नहीं कर सकता, जब तक आप न चाहें, चाहे आपकी उम्र कितनी भी हो। जरूरत इस बात की है कि कार्य के प्रति जुनून तथा जीवन के प्रति उत्साह बना रहे। □

धारणा दुधारू तलवार होती है

मुंबई में रक्षाबंधन का अगला दिन था। जज एम.एल. तहलियानी की अध्यक्षता में विशेष अदालत चल रही थी। 26/11 के नरसंहार के संबंध में विशेष रूप से श्री तहलियानी को नियुक्त किया गया था। आज ऐसे कांड के गवाहों की सुनवाई थी, जिसने पूरे भारत एवं विश्व को ही हिला दिया था। अजमल कसाब चुपचाप एक कोने में खड़ा था। उसके वकील ने कोर्ट को बताया कि उनका मुवक्किल यह जानना चाहता है कि पुरुषों ने अपनी कलाइयों पर धागा क्यों बाँध रखा है।

तब जज ने उस वकील से पूछा कि उसने कसाब को क्या बताया है। वकील ने कहा कि उसने कसाब को बताया है कि यह पवित्र धागा है, जो बहनें प्रेम के प्रतीक रूप में अपने भाइयों की कलाई पर बाँधती हैं। इस पर कसाब ने पूछा कि क्या उसकी बहन उसकी कलाई पर धागा बाँध सकती है? वकील ने साफ-साफ बताया कि इस देश में अपनी बहन ही नहीं, बल्कि कोई भी महिला ऐसे व्यक्ति को राखी बाँध सकती है, जिसे वह अपना भाई समझती है।

अगले दिन मीडिया ने इस खबर को सुर्खियों में उजागर किया। उनके मुताबिक, आखिरकार कसाब दिल से नेक इनसान है। मुझे याद है कि इस खबर से उस व्यक्ति के प्रति लोगों का गुस्सा कैसे शांत हो गया, जिसने उनके बच्चों पर भी तरस नहीं खाया था।

यह सहानुभूति की लहर तब तक चलती रही, जब तक एडवोकेट उज्ज्वल निकम ने कुछ समय बाद प्रेस में इस खबर को स्पष्ट नहीं किया। निकमजी महाराष्ट्र के सरकारी वकील हैं, जिन्होंने अभिनेता संजय दत्त जैसी शख्सियत के केस लड़े हैं। उन्होंने इस बात पर बल दिया कि अपराधी न जाने क्या-क्या कहता है, लेकिन सबकुछ उजागर नहीं किया जाता है; क्योंकि सारी बातें केस से नहीं जुड़ी होतीं। निकम ने कहा, "उदाहरण के तौर पर, कसाब ने बताया था कि वह चिकन और मटन बिरयानी खाना चाहता है।" मीडिया कभी भी सनसनी फैलाने से थकता नहीं। उसने 'चिकन-मटन

बिरयानी' अंश फ्लैश कर दिया। पुनः मुझे याद है कि कैसे चीजें एक झटके में बदल जाती हैं। लोग कल तक जिसे 'कोमल हृदय वाला अपराधी' मानते थे, वही लोग चिल्लाने लगे, ''इतने बेगुनाहों की हत्या के बाद यह चिकन और मटन बिरयानी के बारे में सोच भी कैसे सकता है।''

मुकदमे के दौरान निकम ने मुझे बताया कि वकील अपने मुवक्किल के बारे में बहुत कुछ कहते हैं। अदालत केवल प्रासंगिक पॉइंट पर ही ध्यान देती है। तथापि मीडिया के सामने हाई प्रोफाइल के मुकदमों की बात करते समय वकील को अपनी अतिरिक्त जिम्मेदारी समझनी चाहिए। वे जानते हैं कि वे राष्ट्रीय स्तर पर कोई धारणा बनाते हैं।

अमेरिकी लेखक टॉम रोबिंस के अनुसार—''व्यक्ति में विश्व को समझने की ही योग्यता नहीं होनी चाहिए, बल्कि उसमें अपनी धारणा को बदलने की भी क्षमता होनी चाहिए। सरल शब्दों में, कोई व्यक्ति अपने नजरिए से चीजें बदल सकता है।''

इसलिए, याद रखें कि अपने कारोबार में आप कितने ही ईमानदार क्यों न हों, यदि आपके स्टाफ के बीच राष्ट्र व समाज की धारणा बदलने की जरूरत है तो आप में इस स्थिति से निपटने की क्षमता हो। धारणा दुधारू तलवार है। यदि आपने सही पत्ता नहीं चला तो वह आपके विरोधी के साथ-साथ आपको भी चोट पहुँचा सकती है।

□

सफल होना है तो बस सफलता के बारे में सोचें

मंजीत सिंह का परिवार पाकिस्तान के छोटे से शहर साहीवाल अर्थात् मांटगुमरी से आया था। सन् 1947 में भारत-विभाजन के बाद यह परिवार पटियाला में आकर बस गया। हर परिवार की तरह मंजीत सिंह के पिताजी भी बेटे के भविष्य के बारे में चिंतित थे। उन्होंने अपनी बेटी की शादी लुधियाना में एक बेकरी के मालिक से की।

मंजीत की बहन ने आग्रह किया कि उसका भाई लुधियाना में रहे और स्नातक की पढ़ाई के साथ-साथ उसके पति के बेकरी के कारोबार की बारीकियाँ नुस्खे भी सीखे। बाद में काफी सोच-विचार करके मंजीत ने बेमन से यह प्रस्ताव स्वीकार कर लिया। वह लुधियाना में बेकरी-कम-शॉप में अपने जीजाजी की मदद करने लगा।

कॉलेज के दौरान मंजीत सिंह ने कोयले का व्यापार करने की कोशिश की, लेकिन नाकाम रहा। उस समय वह स्नातक के अंतिम वर्ष का छात्र था। उसने महसूस किया कि उसे बेकिंग से प्यार है तथा वह यही कारोबार करना चाहता है। इसलिए उसने पढ़ाई छोड़ दी। जब उसने लुधियाना के माधोपुरी इलाके में पुरानी भट्ठी और चार बोरी आटे के साथ सन् 1985 में अपनी बेकरी शुरू की, तब कामयाबी के बारे में अनिश्चितता थी। लोग पूछते थे कि क्या वह कामयाब हो पाएगा? मात्र चार महीने पहले उसकी शादी हुई थी।

तीन दशक बाद लुधियाना में बॉन न्यूट्रिएंट का मालिक मंजीत पूरे उत्तर भारत का सबसे बड़ा बेकर बन गया। इस क्षेत्र में उसके पास 67 प्रतिशत शेयर थे। वह लगभग 6,00,000 ब्रेड प्रतिदिन तैयार कर रहा था। ब्रेड की व्यापार रेंज के साथ-साथ बॉन न्यूट्रिएंट में विभिन्न प्रकार के बन, केक, कुकी, रस तथा बिस्कुट बनने लगे। इस कंपनी की पंजाब के लुधियाना व कपूरथला में बेकरी थीं और उत्तर भारत के विभिन्न राज्यों में इसकी फ्रेंचाइजी तथा संपर्क विनिर्माण इकाइयाँ हैं। सन् 2005-06 में जहाँ

इसकी बिक्री 65 करोड़ रुपए मात्र थी, वहीं आज इसकी बिक्री 4,000 करोड़ रुपए तक पहुँच गई है। मंजीत अपने 3,000 कर्मचारियों का पूरा ध्यान रखता है।

शुरुआत से ही मंजीत जानता था कि उसके पास कामयाबी के अलावा और कोई चारा नहीं है। उसने अतीत में अनेक उतार-चढ़ाव देखे। पंजाब में हुई बगावत सन् 1980 के दशक में चरम बिंदु पर थी। एक पॉइंट पर आकर मंजीत ने अपना कारोबार बंद करने का फैसला लिया था। फिर उसके सेल्समैन और ड्राइवर आतंकवादियों के हाथों मारे गए थे। वास्तव में कोई भी उसके उत्पाद डिलीवर करने के लिए तैयार नहीं था। मंजीत ने हिम्मत जुटाई और अपने कारोबार को बढ़ाना शुरू किया।

मंजीत ने साबित कर दिया कि मेहनत से कैसे कामयाबी हासिल की जा सकती है। शुरू के दिनों में वह अपने स्कूटर पर आसपास के कस्बों में दुकानदारों तक ब्रेड पहुँचाता था। समय के साथ-साथ उसने महसूस किया कि उसे और अधिक तीव्र गति से अपने प्रतियोगी से होड़ लगानी है। आज, 'बॉन न्यूट्रिएंट' के यहाँ उत्पाद बाँटने के लिए 400 वाहनों का सुसज्जित विभाग है।

अमेरिकी ओलंपिक चैंपियन येल डेवर्स के अनुसार—"हमेशा सपना देखते रहें। स्वयं पर भरोसा करें। आत्मविश्वास से कुछ भी हासिल किया जा सकता है।" जरा सोचें, मंजीत कोई 'सुपर मैन' नहीं था। उसे कोई मजबूत सहारा भी नहीं मिला था। लेकिन उसके पास दृढ़ संकल्प-शक्ति और सही सोच का खजाना था। यदि आप सफल व्यवसायी लोगों को जानें तो उनके बीच सामान्य सूत्र-संकल्प-शक्ति मिलेगी, जो उन्हें परस्पर बाँधे रखती है।

□

पैसे के अभाव का अर्थ नाकामी नहीं

वह चंडीगढ़ के मध्य वर्गीय परिवार का था तथा पंजाबी यूनिवर्सिटी, चंडीगढ़ से कला स्नातक की पढ़ाई की थी। उसने मेडिकल रिप्रेजेंटेटिव (प्रतिनिधि) के रूप में 'सन् फार्मास्यूटिकल कंपनी' से अपना कैरियर शुरू किया। वे 'फेडरेशन ऑफ मेडिकल एंड सेल्स रिप्रेजेंटेटिव एसोसिएशन ऑफ इंडिया' (चंडीगढ़ चैप्टर) के लीडर चुने गए। इस फेडरेशन का लक्ष्य मेडिकल प्रतिनिधियों का कल्याण था तथा लगभग 18 वर्षों से यह उनके लाभ के लिए संघर्षरत हैं।

उन्होंने यह महसूस किया कि वे समाज की भलाई की खातिर कुछ बेहतर कर सकते हैं। तब 7,900 रुपए प्रतिमाह का वेतन पानेवाले 39 वर्षीय नगींद्र कुमार ने स्थानीय सिविल संगठनों में व्याप्त बुराइयों के खिलाफ संघर्ष छेड़ दिया और सिविल संगठनों के चुनाव लड़ने का निर्णय लिया। उन्होंने फार्मास्युटिकल ट्रेड के कल्याण हेतु विभिन्न आंदोलन किए।

शीघ्र ही उनके उत्साह और जोश से चंडीगढ़ की अनेक राजनीतिक पार्टियाँ प्रभावित होने लगीं। ऐसे में उनके संघर्ष में साथ देने के लिए जन मंच पार्टी सामने आई। वार्ड नं. 8 से जनमंच के प्रत्याशी नगींद्र का मानना है कि लीडर बनने के लिए पैसे की जरूरत नहीं होती। इसके लिए दृढ़ निश्चय, परिश्रम और वोटर के प्रति निष्ठा होनी चाहिए।

नगींद्र की तरह ही कॉलोनी नं. 5 की निवासी रंजीत कौर ने भी अपने वार्ड के निवासियों की वित्तीय मदद से सिविक संगठनों के चुनाव लड़ने का फैसला लिया। वे एक वाहन चालक की पत्नी थीं। उनकी आमदनी प्रति माह मात्र 2,000 रुपए थी। वे स्वयं चंडीगढ़ के सेक्टर 24 में डॉन बास्को चर्च में पढ़ाती थीं। दंपती की कुल मासिक आय 10,000 रुपए से अधिक नहीं थी।

इन दो उदाहरणों से साथी निवासियों के प्रति समर्पित जीवन की झलक मिलती है। नगींद्र और रंजीत कौर की रीढ़ की हड्डी कोई राजनेता नहीं, बल्कि स्थानीय आम

जनता थी। वस्तुतः दोनों की मदद के लिए लोग 10 रुपए से 50 रुपए तक दान देते थे, जिससे काफी मोटी रकम जमा हो गई थी। जिस दुनिया में केवल अमीर व्यक्ति ही चुनाव लड़ने का दम रखते हों, वहाँ इन दो निडर प्रत्याशियों ने साबित कर दिया कि जनता की आवाज भी सुनी जाती है।

यद्यपि पीने का पानी, खेल का मैदान तथा स्थानीय मुद्दे इन दो नए लीडरों की प्रेरक शक्ति थे, लेकिन चंडीगढ़ के सभी भागों में समान रूप से विकास कभी इनकी प्राथमिकता सूची में शामिल था। चंडीगढ़ हमारे देश का सबसे सुंदर शहर हो सकता है; लेकिन रंजीत और नगींद्र तब तक चैन से नहीं बैठेंगे, जब तक वे इसे और अधिक सुंदर नहीं बना देते।

अमेरिकी पूर्व मेजर लीग बेसबॉल के खिलाड़ी टॉमी लसरोदा ने कहा है—"असंभव और संभव के बीच अंतर केवल व्यक्ति के दृढ़ निश्चय में निहित है।" इतिहास ने साबित कर दिया है कि नाकामी के पीछे एकमात्र कारण पैसे की कमी नहीं है। ऐसे अनेक उदाहरण मिलते हैं, तब व्यक्ति पैसे के बिना भी सफल रहे। रंजीत और नगींद्र के पास पैसा नहीं था; लेकिन वे लोगों के लिए कुछ करना चाहते थे। लोगों ने उनका साथ दिया। यही उनकी वास्तविक पूँजी रही है।

□

अपनी कंपनी की 'फायर वॉल' के प्रति शुक्रगुजार रहें

मैरी पेरिस के लि-मॉण्डी नामक प्रतिष्ठित तथा लोकप्रिय समाचार-पत्र में टेलीफोन ऑपरेटर थीं। वह सुबह ठीक 9 बजे दफ्तर आ जाती थीं, जबकि अन्य कर्मचारी 11 बजे के बाद आते थे। इससे पता चलता है कि कोई समाचार कैसे वैश्विक स्तर पर काम करता है। अपने एक्सचेंज कार्यक्रम में, जब मैंने वहाँ पर तीन माह तक कार्य किया, मैंने देखा कि हर कर्मचारी उन्हें 'गुड मॉर्निंग' कहता है और पूछता है, "मेरे लिए कुछ है?" अपनी डेस्क पर जाने से पहले ही अपने सवाल का जवाब मिलने पर सब उसे धन्यवाद देते हैं। 'लि-मॉण्डी' पत्र में यह नियमित प्रैक्टिस थी।

अनेक लोग सोचते हैं कि 'थैंक यू' या 'धन्यवाद' शब्द में आभार का भाव व्यक्त होता है। तब मैरी में ऐसा क्या था कि उसे रोजाना सभी धन्यवाद देते हैं? जब मैंने इस बारे में मैरी से पूछा तो उसने अनुरोध किया कि मैं अगले दिन 9 बजे ऑफिस पहुँच जाऊँ। मैंने ऐसा ही किया। ठीक 9 बजे टेलीफोन की घंटी बजनी शुरू हो गई। कुछ लोग परेशान थे, कुछ गुस्से में थे और कुछ अपने विचार बताने के लिए बेताब थे। कॉलर्स पत्र के पाठकगण थे, जो या तो रिपोर्टर की कॉपी से असहमत थे, गलत भाषा के बारे में राय देना चाहते थे कुछ लोगों को खराब मुद्रित पृष्ठों की शिकायत थी, किसी को अनुपूरक समाचार-पत्र नहीं मिला था और किसी को पेपर की गुणवत्ता एवं विषय वस्तु के बारे में शिकायत थी। मैरी धीरज के साथ सभी सवालों के जवाब देती और प्रत्येक शिकायतकर्ता से वायदा करती कि वह सही जवाब या समाधान बताएगी।

11 बजे जब अन्य रिपोर्टर आई, तब मैरी ने सभी शिकायतें संपादकीय, प्रोडक्शन, परिचालन और मार्केटिंग विभाग में भिजवा दीं। उनसे जवाब लिये और उन पाठकों से बात करने की कोशिश की, जिन्होंने फोन किया था।

मैरी की तरह कंपनियों में अन्य लोग भी मौजूद हैं। वे ग्राहकों का गुस्सा झेलते हैं। लेकिन हममें से कितने लोग उनके पास जाकर 'थैंक्स' कहते हैं? मेरा यकीन करें,

एक बार ऐसा करके देखें और फर्क महसूस करें। कंपनी तथा आपको ग्राहकों के बीच संचार या संप्रेषण में सुधार होगा। आप निश्चित रूप में अपने कार्य क्षेत्र के आसपास ग्राहकों से संतुष्ट होंगे, उन्हें संतुष्ट करेंगे।

आज की दुनिया में टेलीफोन ऑपरेटर ग्राहक और कंपनी के बीच इंटरफेस है। यदि आप बढ़िया क्वालिटी का उत्पाद तैयार करना चाहते हैं तथा संभ्रांत ग्राहकों को संतुष्ट करना चाहते हैं तो आपको कुछ समस्याओं को झेलना होगा। लेकिन यदि आप मोबाइल कम्युनिकेशन जैसे आम जनता के लिए उत्पाद से जुड़े हैं तथा दी गई सर्विस या उत्पाद सही नहीं है तो आपका टेलीफोन ऑपरेटर शिकायतों से लद जाएगा और यदि आपका टेलीफोन असंतुष्ट ग्राहकों को संतोषजनक उत्तर नहीं देता तो हो सकता है, ग्राहक हमेशा के लिए आपका उत्पाद छोड़ दें।

अमेरिकी लेखक रॉल्फ मार्सटन ने कहा है, ''लोगों को शुक्रिया अदा करने की आदत बना डालें। मन से उनकी सराहना करें और बदले में उनसे कोई आस न लगाएँ। अपने चारों ओर मौजूद लोगों की तहेदिल से तारीफ करें और आप अपने इर्द-गिर्द अधिकाधिक लोग पाएँगे। जीवन को सराहें, आपका जीवन अधिक खुशहाल होगा।''

खास बात यह है कि हर कंपनी की 'फायर वॉल' (सुरक्षा कवच) होती है, जो कर्मचारियों, मालिकों, अधिकारियों को ग्राहकों के गुस्से से बचाती है। खासतौर पर जब शराब या त्रुटिपूर्ण उत्पाद ग्राहक को मिलता है। लेकिन हमारा फर्ज है कि ऐसी 'फायर वॉल' को पहचानें, उसकी तारीफ करें, उसका शुक्रिया अदा करें। अनेक कंपनियों में ये 'फायर वॉल' टेलीफोन ऑपरेटर होती/होते हैं।

□

शक्ल से पहले अक्ल पर ध्यान दें

महिलाएँ पुरुषों से क्या चाहती हैं? विश्व स्तर पर किए गए प्रत्येक सर्वेक्षण में एक ही जवाब मिलता है—सपनों का राजकुमार, विद्वान्, विश्व जानकारी रखनेवाला और सभी लोग उसे जानते हों, पहचानते हों। पं. नेहरू से लेकर अमिताभ बच्चन तक भारतीय इतिहास की शोभा बढ़ानेवाले ऐसे लोकप्रिय व्यक्ति हैं, जिन्हें हर आयु वर्ग की महिलाएँ चाहती थीं और चाहती हैं।

मशहूर टी.वी. शो 'कौन बनेगा करोड़पति' में सुपर स्टार अमिताभ बच्चन ने कहा है कि सहज बुद्धि से ही सफलता पाई जा सकती है। प्रतिदिन हमारे चारों ओर खड़े होनेवाले मुद्दों को शिक्षा से बेहतर ढंग से समझा जा सकता है।

सभी प्रकार के लेखकों ने सहज बुद्धि हासिल करने के लिए पाँच सूत्र सुझाए हैं—

1. ज्यादा सोओ मत। जीवन जीने और उपयोगी बनने का आनंद उठाएँ।
2. कभी-कभी आप मुसीबत में होते हैं तो कोई आप पर ध्यान नहीं देता, सो आपको मुसीबत में भी खुश रहना होगा।
3. यदि आप समस्या सुलझा नहीं सकते तो यह कोई बड़ी समस्या नहीं है, यह हकीकत है। अधिकांश सफल व्यक्ति जीवन में ऐसे दौर से गुजरते हैं।
4. आनंद इत्र जैसा होता है इसे दूसरों की जिंदगी में उड़ेलते समय कुछ बूँदें हमारे जीवन में न गिरें, ऐसा तो हो ही नहीं सकता।
5. अंत में यदि तमाम गुणों व अच्छाइयों का अंत हो जाए, तब भी चिंता न करें। आखिरकार बुराइयाँ भी मिट ही जानी हैं।

"यदि आप जीवन में ये पाँच सूत्र या सिद्धांत अपनाते हैं, आत्मसात् कर लेते हैं तो सहज बुद्धि का विकास अवश्यंभावी है।" वुडी एलेन, प्रख्यात अभिनेता—इस अदाकार के नैन-नक्श पर नहीं, बल्कि इनकी प्रतिभा की ओर महिलाएँ आकर्षित होती थीं, सुध-बुध खो बैठती थीं। इस अभिनेता में क्लिंट ईस्टवुड तथा रॉबर्ट रैडफोर्ड से भी

ज्यादा आकर्षण था। अपने देश में अमिताभ बच्चन का उदाहरण ले लें। उम्र चाहे कितनी भी हो, लेकिन 6 से 60 वर्ष तक की उम्र का हर व्यक्ति उन्हें मुड़-मुड़कर देखता है।

कुछ लोग अपने पर तरस खाते हुए रटी-रटाई पंक्तियाँ बोलते रहते हैं—"मैं तो बहुत छोटे से कस्बे से आया हूँ।" "मेरे स्कूल, कॉलेज के दिन बहुत बुरे बीते थे।"—मैं उन लोगों को सलाह देता हूँ कि वे रोडनी डेरफील्ड की सन् 1980 में बनी 'बैक टू स्कूल' देखें। इस फिल्म में नायक मनोचिकित्सक से पूछता है—"मुझसे हर कोई नफरत करता है। ऐसे में मैं क्या करूँ?"

मनोचिकित्सक ने हँसते हुए कहा, "ठीक, अभी तक आपसे कोई व्यक्ति मिला ही नहीं।"

यहाँ भी ऐसी उपमा ठीक बैठती है। आप छोटे शहर में रहते हैं या आपका स्कूल-कॉलेज अच्छा नहीं था, आपके माँ-बाप पढ़े-लिखे नहीं थे। इन सबका क्या फर्क पड़ता है? हम सहज बुद्धि की बात कर रहे हैं, न कि अकादमिक सफलता या वंश-परंपरा की बात कर रहे हैं। अकसर देखा गया है कि छोटे शहरों तथा अनजान जगहों के बच्चों में भी बड़े शहरों के बच्चों की तुलना में अधिक सहज बुद्धि होती है।

जर्मन भौतिकविद् अल्बर्ट आइंस्टीन ने कहा है—"बुद्धिमत्ता का सही सूचक ज्ञान नहीं, कल्पना-शक्ति है।" इसलिए अगली बार जब आप लड़कियों के बीच लोकप्रिय होना चाहें तो आपके पास बाह्य आकर्षण हो न हो, लेकिन बुद्धिमत्ता या सहज बुद्धि अवश्य हो। क्या आप में यह गुण है?

□

विजेता की कोई आयु सीमा नहीं होती

पेड़ के पत्ते से प्रेरित होकर पुणे के रहनेवाले 20 वर्षीय छात्र ने सूर्य से शक्ति प्राप्त करनेवाला स्वचालित जल स्रोत या नल का डिजाइन तैयार किया है। इससे प्रतिदिन 20 लीटर पीने का पानी तैयार होता है। इस डिजाइन के लिए उन्हें सन् 2011 के आरंभ में 'अंतरराष्ट्रीय डिजाइन पुरस्कार' मिला था।

उपयुक्त रूप में इसे 'लीफ' नाम दिया गया। यह 18 फीट ऊँची सौर चालित पानी की कंडेंसेशन यूनिट है। इसका डिजाइन अनुराग शारदा ने तैयार किया था। 'टाइम टू केयर संस्टेनबल डिजाइन अवॉर्ड' नामक अंतरराष्ट्रीय पुरस्कार में उस युवक ने अपनी प्रविष्टि भेजी थी।

विश्व में वाटरलेस टॉयलेट तैयार करने के लिए अनेक युवा वैज्ञानिक कार्य कर रहे हैं। पारंपरिक टॉयलेट में घर में इस्तेमाल होनेवाले पानी का लगभग 30 प्रतिशत पानी बेकार चला जाता है। अर्थात् एक बार फ्लश किए जाने पर 13 लीटर पानी की मात्रा का अपव्यय होता है। मेक्सिको के युवा डिजाइरों ने पानी का अपव्यय दूर करने का अनूठा तरीका खोज निकाला है। उन्होंने वाटरलेस टॉयलेट के माध्यम से अपशिष्ट पदार्थ पैथॉजन-मुक्त आर्जेनिक कंपोस्ट में बदल दिया है।

सन् 2011 में एन.आई.टी. इंस्टीट्यूट ऑफ डिजाइन के छात्र शारदा से सेना के लिए चाकू बनानेवाली प्रख्यात कंपनी 'विक्टोरिनॉक्स स्विस आर्मी' का परिचय कराया गया। वह उस समय जर्मनी में इंटर्नशिप कर रहा था तथा प्रोटो टाइप मॉडल पर काम कर रहा था। उसे विक्टोरिनॉक्स से स्पॉन्सरशिप मिलने के दो वर्ष के भीतर मॉडल पूरा करना था। उस समय शारदा की परियोजना प्रारंभिक स्तर पर थी तथा उसने दावा किया था कि एशिया, उत्तरी अमेरिका, दक्षिण अमेरिका, अफ्रीका और ऑस्ट्रेलिया के आर्द्र क्षेत्रों में व्यावहारिक स्तर पर यह परियोजना लागू हो जाएगी।

शारदा के उद्यम को खूब सराहा गया, क्योंकि इससे सार्वभौमिक समाधान मिला और यह केवल टॉयलेट तक ही सीमित नहीं था।

यह युवा ब्रिगेड की गाथा है। दूसरी ओर 90 वर्ष के फौजा सिंह हैं। ये मूलत: भारतीय हैं। सन् 2011 में वे टोरंटो में हुई 42 कि.मी. मैराथन में दौड़े थे। उन्होंने विस्मयकारी जीत हासिल की। इतनी दूरी तय करनेवाले वे पहले बुजुर्ग बन गए। 90 वर्ष पार करने के बाद उन्होंने दौड़ना शुरू किया था। उन्होंने 8 घंटे में 42 कि.मी. दूरी तय की। भले ही गिनीज बुक ऑफ वर्ल्ड रिकॉर्ड्स में उनका नाम शामिल नहीं हो पाया था।

अब आपको इस उदाहरण के बारे में क्या कहना है? क्या इसे देखकर बुजुर्ग के सामने युवाओं पर तरस नहीं आता? साफ है, इससे यह संदेश मिलता है कि यदि आप कुछ हासिल करने की ठान लें तो इसके बारे में आयु का कोई आधार नहीं होता, सीमा नहीं होती।

मार्क ट्वेन ने कहा है—"उम्र तो हमारी सोच है। यदि आप परवाह नहीं करते तो कोई फर्क नहीं पड़ता।" कभी भी बड़ी उम्र का बहाना न बनाएँ। यदि आप में इच्छा-शक्ति है तो आप अपनी मंजिल पर अवश्य पहुँचेंगे।

□

यथार्थ में सृजनशीलता देखें

क्या आपको हीरो होंडा का विज्ञापन याद है, जिसमें युवक दो घाटियों के बीच झूल रहे पुल पर मोटर साइकिल चला रहा है, यहाँ तक कि उस पुल के लकड़ी के तख्ते भी टूटे हुए हैं? हाँ, वह घाटी की दूसरी ओर जाने की कोशिश कर रहा है। विज्ञापन में कहा गया कि किसी साहसिक कार्य को अंजाम तक पहुँचाने के लिए इस युवक में 'हीरो' छिपा है। एक शब्द, जो आत्मविश्वास के साथ-साथ ब्रांड में विश्वास उत्पन्न करता है।

यह विज्ञापन मुझे अपनी यात्रा की याद दिलाता है, जहाँ हिमालय की चट्टानों, दर्रों में अलग-थलग बसे सैकड़ों पहाड़ी गाँवों को जोड़नेवाली लोहे की केबल्स पर असंख्य लकड़ी के तख्तों से बने अनेक पुल देखे दार्जिलिंग जिले में ही लगभग 50 पुलों में से सन् 2011 में बीजन बाड़ी पुल टूट गया था, जिसमें 32 लोग मारे गए और अनेक जख्मी हुए थे। ऐसे स्थानों पर लोगों के पास आने-जाने के लिए दिन-रात ऐसे झूलते पुलों के अलावा और कोई चारा नहीं होता।

सन् 2011 में भूकंप के कारण अनेक पुलों में दरारें आ गई थीं। ब्रिटिश सरकार ने चाय बागान को मुख्य सड़क से जोड़ने के लिए वे पुल बनवाए थे। लेकिन सन् 1980 के दशक में दार्जिलिंग गोरखा हिल काउंसिल के गठन से लेकर आज तक इन पुलों की मरम्मत या इन्हें बचाने पर ध्यान ही नहीं दिया गया। ये पुल विभिन्न पंचायतों से जुड़े लोगों की जीवन रेखा हैं, जो रोज इनके ऊपर से गुजरते हैं।

कभी-कभी हम ऐसी फिल्में भी देखते हैं, जिनमें हीरो घोड़े या हाथी पर सवार होकर घर का राशन-पानी खरीदने जाता है। यह देखकर हमें अजीब या हास्यास्पद लगता है, क्योंकि हकीकत में हम ऐसे दृश्य नहीं देखते। लेकिन हड्डियों को सर्जन डॉ. हिमांशु खारा रोज अहमदाबाद के साबरमती से रामनगर तक घोड़े पर खरीदारी करने जाते हैं। अकसर लोगों को अपनी आँखों पर विश्वास नहीं होता। डॉक्टर के पास चार कारें हैं। ये उनके घर और क्लीनिक के पास खड़ी रहती हैं। लेकिन जब उन्हें थोड़ी दूर

तक जाना होता है, तब वे अपने घोड़े 'काजल' पर सवार होते हैं। उनकी अहमदाबाद के क्रेजी ट्रैफिक के बारे में धारणा हटकर है। भीड़ भरी सड़कों पर कारों की वे शाही सवारी करते हैं।

जो लोग ऐसे अजीबोगरीब दृश्यों के आदी नहीं हैं, यदि उन्हें सृजनशील हकीकत दिखाना चाहते हैं तो आपको कुछ बताने से पहले उदाहरण पेश करना होगा। जब मैं रचनात्मक प्रतिभा के धनी पीयूष पांडे से (फेवीकोल विज्ञापन बनाने वाले) सन् 2011 में (एड एशिया 2011) नई दिल्ली में मिला था, तब उन्होंने कहा कि किसी रचनात्मक लेखक ने उनके प्रबंध निदेशक को कहा कि वे पेय पदार्थ की कंपनी की कॉपी लिखने के लिए उसे शिमला भेज दें। छुट्टियाँ खत्म हो गईं और वह एक लाइन लिखकर लाया—'ठंडा, मतलब कोका कोला।'

अमेरिकी उद्यमी स्टीव जॉब्स ने लिखा है—"रचनात्मक शक्ति चीजों को जोड़ती है। जब आप रचनाधर्मी लोगों से पूछते हैं कि उन्होंने ऐसा कैसे किया, तो वे अपराध-बोध से घिर जाते हैं, क्योंकि उन्हें वास्तव में कुछ समझ नहीं आता। वे तो मात्र चीजों को देखते हैं। थोड़ी देर बाद उन्हें साफ-साफ नजर आने लगता है, क्योंकि वे अनुभवों का नई चीजों से नवीनता व सामंजस्य बिठा लेते हैं।" उनके कहने का तात्पर्य है कि जब तक आप अनुभव से जीवन के यथार्थ को आत्मसात् नहीं करते, तब तक किसी स्टोरी की ऐसी क्रिएटिव कॉपी में बदलना नामुमकिन होता है, जिसका ग्राहकों पर प्रभाव पड़ सकता है।

□

जीतना है तो पागलपन की हदें छूनी होंगी

वे बच्चे कुशल मोटर स्पोर्ट्स लड़के नहीं थे, न ही उनके पास मोटर स्पोर्ट्स का अनुभव था। हाँ, अपवाद स्वरूप ड्राइविंग की धुन उनके मन-मस्तिष्क पर छाई हुई थी। उन्होंने स्वयं को तैयार किया तथा जब सन् 2011 में प्रतिष्ठित रेड डि हिमालय कार रैली जीती, तब पूरे शहर को उन पर गर्व हुआ।

नासिक के मोटर स्पोर्ट्स के दीवाने परविंदर संधू तथा परितोष कोहक पोडियन पर तीसरे स्थान पर रहे। दोनों ने रैड डि हिमालय कार रैली में भाग लिया था। यह विश्व की सर्वाधिक कठिन मोटर स्पोर्ट्स-प्रतियोगिता मानी जाती है। उन्होंने टी2 जिप्सी में तृतीय स्थान प्राप्त किया। वह रैली सात दिनों तक चली। उस स्पर्धा में देश भर से प्रतिभागियों ने हिस्सा लिया। रैली का मार्ग हिमाचल प्रदेश से जम्मू कश्मीर तक फैला था।

"उस भू-भाग का दृश्य मनोहारी था, साथ ही समुद्र-तल से 17,500 फीट की ऊँचाई पर यह अप्रत्याशित चुनौतियों से भरा मार्ग था। जहाँ सँकरी सड़कों के साथ कभी ऐसा रास्ता भी आ जाता था, जहाँ सड़क है ही नहीं, बल्कि कंकड़-बजरी की सतहवाले छितरे हुए खाली पैच नजर आ रहे थे। उनके दोनों तरफ चट्टानें और ब्लैक आइस थी।" परविंदर ने बताया। वे कई बार आई.एन.आर.सी. इवेंट जीत चुके हैं। अंतराल के बाद लौटने पर परविंदर ने स्वयं चुनौती स्वीकार की तथा साबित कर दिखाया कि वह दुबारा ऐसा कर सकता है।

उन दोनों लड़कों के लिए चीजें इतनी आसान नहीं थीं। एक दिन परविंदर को साँस लेने में इतनी तकलीफ हो रही थी कि उन्हें इलाज कराना पड़ा। उस घटना के बाद दोनों ने शारीरिक व मानसिक स्तर पर चुनौतियों का सामना किया। दोनों ने कुछ रोमांचकारी क्षण भी जिए, जैसे एक बार श्रीनगर पहुँचने से पहले जोजिला दर्रे पर खराब ट्रक रास्ता रोके खड़ा था। वह मार्ग बहुत सँकरा और कठिन था। मोटर सवारों ने शिमला से यात्रा आरंभ की और वे मनाली, लेह, खडडुंगला वारी ला (18,000 फीट) से नुब्रा पहुँचे। यह रैली श्रीनगर में समाप्त हो गई। उस अनोखे इवेंट में कुल 44 कारों ने भाग लिया था।

नासिक के उन दो युवकों ने 16 बार शॉक ऑब्जर्वर बदले। यह प्रतिभागियों की सहन-शक्ति की परीक्षा थी। कई बार सर्विस टीम उनके वाहन की मरम्मत के लिए आ नहीं पाई थी। आप कार रैली से बाहर नहीं आ सकते थे, क्योंकि बाहर का तापमान माइनस जीरो तक बना रहता है तथा तूफानी हवाएँ चलती रहती हैं और आप प्रकृति व सेना की दया पर निर्भर करते हैं। ऐसी घटना या इवेंट के लिए व्यक्ति को या तो बहुत ज्यादा पागल होना चाहिए या दीवाना। 99 प्रतिशत श्रेय मुसीबत के समय सही ढंग से की गई कॉल पर जाता है।

मुक्केबाज मुहम्मद अली ने कहा था, "चैंपियन जिम में तैयार नहीं किए जाते। चैंपियन मन में अंदर तक जड़ें जमा चुकी इच्छा-शक्ति से बनते हैं।" मैं यहाँ एक और शब्द 'मदहोशी' जोड़ना चाहता हूँ। पागलपन या मदहोशी की लहर—दोनों मोटरिस्टों ने उत्कृष्ट समन्वयन और टीम-भावना के बलबूते पर सफलता हासिल की। लेकिन इन सबसे ऊपर उनमें जीतने की उत्कट इच्छा जुनून की हद तक पहुँच गई थी। तभी कठिनाइयों में भी वे सुरक्षित निकल गए। क्या आप में भी ऐसा जुनून है?

□

विनम्रता है क्या?—प्यार का आधार

केस 1 : सन् 1955, इलाहाबाद यूनिवर्सिटी। गायत्री, तत्कालीन एम.एस-सी. की छात्रा ने उस घटना की याद दिलाई, जिससे आज भी यादें ताजा हो जाती हैं। विज्ञान विभाग अंग्रेजी विभाग के पास ही था। उसे याद है कि अंग्रेजी विभाग के वे प्रोफेसर सलीकेदार व फुरतीले व्यक्ति थे और उनके चेहरे पर प्रभामंडल विराजमान था। एक हाथ चलती गाड़ी के व्हील पर तथा दूसरे हाथ में सिगरेट होती थी।

उनका आकर्षक व्यक्तित्व छात्र-छात्राओं को सम्मोहित कर लेता था। जब भी वे किसी से मिलते थे, सिर झुकाकर अभिवादन करते थे तथा चेहरे पर मुसकान रहती थी। लड़कियों को पहले जाने देने के लिए वे बड़े अदब से दरवाजा थामकर रखते थे। विनम्रता ही नहीं, उनमें बेजोड़ पांडित्य था। विश्वविद्यालय में ऐसा प्रोफेसर था, जो अंग्रेजी और हिंदी साहित्य—दोनों में प्रवीण था। ऐसे विशिष्ट विद्वान्, जो अंग्रेजी पढ़ाते थे और हिंदी में कविता लिखते थे।

आज 80 वर्षीय गायत्री पचौरी मध्य प्रदेश में जबलपुर में गणित की रिटायर्ड प्रोफेसर थीं। वह प्रोफेसर और कोई नहीं, महान् कवि, विद्वान्, हरिवंशराय बच्चन, 'मधुशाला' के रचयिता। बॉलीवुड सुपरस्टार, अमिताभ बच्चन के पिता।

केस 2 : सन् 1998, प्रसिद्ध जुहू बीच के पास मुंबई में जुहू चर्च रोड नामक छोटी लेन। अमिताभ बच्चन के घर 'प्रतीक्षा' से 3 मिनट की पैदल दूरी। जुहू चर्च रोड के बीच में यह पुराना हाउसिंग कॉम्प्लेक्स है, जिसे 'चाँद सोसाइटी' कहा जाता है। हर दूसरे दिन लोग इस बिल्डिंग में बड़ी सी आलीशान कार आती देखते हैं। यहाँ क्या चल रहा है? आप पूछ सकते हैं। कुछ नहीं, सिर्फ एक आलीशान कार, जो यहाँ रहनेवाले मध्य वर्गीय परिवारों को देखते हुए आम नहीं है। चार मंजिल की इमारत, कोई लिफ्ट नहीं तथा इसमें समय रहते मरम्मत भी नहीं कराई जाती। जगह-जगह से पेंट की पपड़ी उतर रही है।

उस आलीशान कार को एक सज्जन चलाकर लाते हैं। उनकी असाधारण वेशभूषा

तथा फ्रेंचकट दाढ़ी है। गाड़ी खड़ी करने पर वह नीचे उतरकर कार की दूसरी ओर जाता है। किसी महिला के लिए कार का दरवाजा खोलता है। उन्हें 'गुड नाइट' कहता है तथा फिर चुपचाप घर लौट जाता है।

मेरे विचार में फ्रेंचकट दाढ़ी का उल्लेख करके मैंने संकेत दे दिया है। हाँ, यह व्यक्ति अमिताभ बच्चन ही है। और अपनी पर्सनल सेक्रेटरी रोजी सिंह को चाँद सोसाइटी में उनके घर छोड़ने आते हैं। यह महिला उस समय भी उनके साथ खड़ी रही थी, जब ए.बी.सी.एल. बुरे दौर से गुजर रही थी। यह कंपनी सन् 1990 के दशक में उनका सपना थी। शीघ्र ही अमिताभ बच्चन मुसीबत की उन घड़ियों से बाहर आ गए और फिर ऊँचाइयाँ छूने लगे। लेकिन विनम्रता और शिष्ट व शालीन व्यवहार के लिए ज्ञात अभिनेता आज भी रोजी सिंह के शुक्रगुजार हैं, जो आज भी उनके साथ कार्य करती हैं।

अमेरिका के संपादक एवं लेखक ब्रायन एच. मैकगिल ने कहा है—''सभ्यता के काले बादलों के बीच विनम्रता उज्ज्वल चमकती रेखा है। यह परिष्कृत स्वरूप का सर्वश्रेष्ठ अंश है तथा अनेक रूपों में इनसान की क्रूरता वे अधमता की विस्तृत वीथि में वीरोचित सौंदर्य की कलात्मक अभिव्यक्ति है।'' आडंबर और अक्खड़पन से सराबोर आधुनिक युग वस्तुत: 'निर्मम और अधम' बन चुका है। ऐसे में हरिवंशराय बच्चन और अभिताभ बच्चन ने दिखाया है कि एक विनम्र व्यक्ति कैसे मित्रता के फल चखता है तथा करुणा के बीज बोनेवाला प्यार पाता है। ऐसा करना मुश्किल नहीं है। विनम्र बनें और फर्क महसूस करें।

□□□